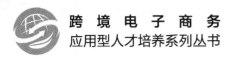

跨境电子商务
应用型人才培养系列丛书

跨境电子商务数据分析与应用

主 编 ◎ 隋东旭　邹益民

清华大学出版社
北京

内 容 简 介

伴随着人工智能、大数据、云计算、区块链等新技术的普及应用，跨境电子商务平台、商家、银行、物流等参与主体的技术和运营能力持续升级。本书着眼于跨境电子商务数据分析与应用岗位的主要工作内容，将理论与实践相结合，以训促学，分别对跨境电子商务数据分析，跨境电子商务数据分析的方法、模型与指标，跨境电子商务数据采集、清洗与处理，跨境电子商务数据可视化，跨境电子商务市场数据分析，跨境电子商务竞争数据分析，跨境电子商务数据化选品，跨境电子商务店铺管理数据化，跨境电子商务客户画像数据分析做出具体阐述。在讲解知识时，提供多个数据分析案例辅助读者深入理解相关电子商务概念，旨在锻炼学习者的数据分析应用能力的同时，能独立地根据电子商务运营中的数据分析与应用结果解决在运营中出现的相关问题，培养具备数据分析与应用技能的电子商务运营人才。

本书可作为高等院校、高职高专院校跨境电子商务专业、移动电子商务专业、市场营销、统计等相关专业的教学用书，也可作为从事电子商务数据分析相关职业人员的参考用书。

本书封面贴有清华大学出版社防伪标签，无标签者不得销售。

版权所有，侵权必究。举报：010-62782989，beiqinquan@tup.tsinghua.edu.cn。

图书在版编目（CIP）数据

跨境电子商务数据分析与应用 / 隋东旭，邹益民主编.
北京：清华大学出版社，2024.12. -- (跨境电子商务应用型人才培养系列丛书). -- ISBN 978-7-302-67765-9
Ⅰ. F713.36；TP274
中国国家版本馆 CIP 数据核字第 202404AL41 号

责任编辑：邓　婷
封面设计：刘　超
版式设计：楠竹文化
责任校对：范文芳
责任印制：刘　菲

出版发行：清华大学出版社
网　　址：https://www.tup.com.cn，https://www.wqxuetang.com
地　　址：北京清华大学学研大厦 A 座　　邮　编：100084
社 总 机：010-83470000　　邮　购：010-62786544
投稿与读者服务：010-62776969，c-service@tup.tsinghua.edu.cn
质量反馈：010-62772015，zhiliang@tup.tsinghua.edu.cn
印 装 者：河北鹏润印刷有限公司
经　　销：全国新华书店
开　　本：185 mm×260 mm　　印　张：12.75　　字　数：302 千字
版　　次：2024 年 12 月第 1 版　　印　次：2024 年 12 月第 1 次印刷
定　　价：59.80 元

产品编号：089027-01

前　言
Preface

党的二十大报告指出："推进高水平对外开放。依托我国超大规模市场优势，以国内大循环吸引全球资源要素，增强国内国际两个市场两种资源联动效应，提升贸易投资合作质量和水平。稳步扩大规则、规制、管理、标准等制度型开放。推动货物贸易优化升级，创新服务贸易发展机制，发展数字贸易，加快建设贸易强国。"随着互联网新媒体时代的发展，云计算、互联网、社交网络等新兴技术及服务不断涌现，被大众广泛应用，因而跨境电子商务行业的竞争日益加剧，内容同质化现象越来越严重，跨境电子商务企业承受的竞争压力也愈来愈大，原始的运营模式已无法在新媒体经济环境下立足。因此，实现数据化运营、数据化营销才是改变现状的唯一方法，而这些的基础就是对跨境电子商务数据进行精准分析与应用。数据分析与应用能力成为跨境电子商务行业人才的必备技能之一，从市场分析到数据报告的撰写，从商品数据分析到会员与客服数据分析，将营销与客户服务的关系紧密地联系在一起，因而数据分析与应用已经渗透到跨境电子商务运营的大部分流程中，从而辅助跨境电子商务企业提高运营效率，提供重大决策依据，实现跨境电子商务企业的商务价值。

本书秉承理论与实践相结合的设计理念，结合大量跨境电子商务运营中常见的真实数据，如商品数据、市场数据、竞争数据、运营数据、客户数据等作为参考，辅助读者理解跨境电子商务数据分析的内涵，将烦琐的数据分析问题用简单易懂的案例进行全面详细且深刻独到的解析，从而提升读者的数据分析与应用能力，并在数据中发现问题、解决问题。

本书以跨境电子商务数据为导向，突出了"以数据为主体，以技能为核心"的编写特点，体现了"以训促学、学做合一"的思想，系统地阐述了跨境电子商务数据分析的基本概念、模型、方法和分析与应用，以实用为原则，重点突出培养"应用能力"，同时让读者在了解电子商务数据分析概念的基础上，快速掌握电子商务数据的分析方法、技巧，并应用到具体实战中。全书共九章，分别对跨境电子商务数据分析，跨境电子商务数据分析方法、模型与指标，跨境电子商务数据采集、清洗与处理，跨境电子商务数据可视化，跨境电子商务市场数据分析，跨境电子商务竞争数据分析，跨境电子商务数据化选品，跨境电子商务店铺管理数据化，跨境电子商务客户画像数据分析做出具体阐述，使读者达到活学活用的目标。

基于作者对跨境电子商务数据的认知和读者需求的综合考量，本书具有如下特点。

1. 系统规划、数据主导

根据当下跨境电子商务运营的紧迫形势，在内容规划上具有系统、全面的特点，在注重系统性和科学性的基础上，还注重可操作性及实用性，同时通过大量的案例操作和分析，使讲解深入浅出，让读者真正掌握跨境电子商务分析与应用的方法及技巧，辅助读者建立自己的知识体系。

2. 图表教学、内容详尽

本书采用了多种数据图表，给读者直观的感受，使读者直观、清晰地掌握数据分析的知识，全面掌握跨境电子商务数据分析与应用的技能，解决跨境电子商务企业在运营中所出现的问题。

3. 知识拓展、资源丰富

本书每章设置学习目标、技能目标、复习思考题等模块，总结了跨境电子商务运营的相关知识，增强了读者与作者之间的互动；同时，本书还提供了电子课件、微课教学视频、期末测试卷及答案、教学标准、数据原始素材等丰富教学资源，方便直观、即学即会，使读者不仅着眼于书本知识，还可以放开眼界，将理论知识运用于实践，更好地为跨境电子商务行业服务。

本书由隋东旭和邹益民老师主编。

本教材既可作为高等院校市场营销专业、跨境电子商务专业、移动电子商务专业、统计学专业及相关专业的教学用书，也可作为与从事电子商务数据分析相关职业的参考用书。本书引用的图片、数据仅为说明（教学）之用，绝无侵权之意，特此声明。

本书在编写过程中参考了大量书籍、论文、网站内容，在此对相关作者表示感谢。由于编者水平有限，书中难免存在不足和疏漏之处，请各位专家与读者不吝赐教。

作 者

目 录
Contents

第1章 跨境电子商务数据分析 1
  1.1 大数据认知 1
    1.1.1 大数据的概念与特征 1
    1.1.2 大数据的处理工具与应用 3
  1.2 跨境电子商务数据分析概述 8
    1.2.1 跨境电子商务数据分析的基础知识 8
    1.2.2 跨境电子商务数据分析的原则 9
    1.2.3 跨境电子商务数据分析的流程 10
    1.2.4 跨境电子商务数据分析的价值 12
  复习思考题 13

第2章 跨境电子商务数据分析的方法、模型与指标 14
  2.1 跨境电子商务数据分析的方法 14
    2.1.1 时间序列分析法 14
    2.1.2 结构分析法 17
    2.1.3 对比分析法 17
    2.1.4 回归分析法 18
    2.1.5 分组分析法 19
    2.1.6 平均分析法 23
    2.1.7 矩阵关联分析法 24
    2.1.8 聚类分析法 24
    2.1.9 相关分析法 25
  2.2 跨境电子商务数据分析的模型 25
    2.2.1 5W2H 模型 26
    2.2.2 逻辑树模型 26
    2.2.3 SWOT 模型 29
    2.2.4 PEST 模型 31
    2.2.5 漏斗模型 32
  2.3 跨境电子商务数据分析的指标 33

	2.3.1 网站运营指标	33
	2.3.2 经营环境指标	35
	2.3.3 销售业绩指标	37
	2.3.4 营销活动指标	39
	2.3.5 客户价值指标	39
复习思考题		43

第3章 跨境电子商务数据采集、清洗与处理 45

- 3.1 跨境电子商务数据采集 45
  - 3.1.1 跨境电子商务数据采集的概念 45
  - 3.1.2 跨境电子商务数据采集的方法与流程 45
  - 3.1.3 跨境电子商务数据采集的工具及应用 48
- 3.2 跨境电子商务数据清洗 55
  - 3.2.1 跨境电子商务数据清洗的概念与原理 55
  - 3.2.2 跨境电子商务数据清洗的方法、流程及具体操作步骤 56
- 3.3 跨境电子商务数据处理 61
  - 3.3.1 跨境电子商务数据处理的概念 61
  - 3.3.2 跨境电子商务数据处理的工具及具体操作流程 62
- 复习思考题 65

第4章 跨境电子商务数据可视化 67

- 4.1 跨境电子商务数据可视化概述 67
  - 4.1.1 跨境电子商务数据可视化的认知 67
  - 4.1.2 跨境电子商务数据可视化的方法 68
- 4.2 跨境电子商务图表可视化 74
  - 4.2.1 使用 Excel 制作跨境电子商务图表 74
  - 4.2.2 使用特殊图表实现数据可视化 84
- 4.3 跨境电子商务数据分析报告 88
  - 4.3.1 撰写网站运营数据分析报告 88
  - 4.3.2 撰写商业报告 92
- 复习思考题 93

第5章 跨境电子商务市场数据分析 95

- 5.1 跨境电子商务市场数据分析概述 95
  - 5.1.1 跨境电子商务市场数据分析的概念 95
  - 5.1.2 跨境电子商务市场数据分析的目的与作用 95
  - 5.1.3 跨境电子商务市场数据分析的主要内容与渠道 97
- 5.2 跨境电子商务市场行业数据分析 98
  - 5.2.1 市场行业分析的认知 98

5.2.2　行业数据的挖掘 99
　　5.2.3　使用 Excel 进行市场行业趋势分析 100
　　5.2.4　使用 Excel 进行行业市场容量分析 103
复习思考题 107

第 6 章　跨境电子商务竞争数据分析 109
6.1　跨境电子商务竞争对手数据分析 109
　　6.1.1　跨境电子商务竞争对手的认知 109
　　6.1.2　跨境电子商务竞争对手核心指标分析 112
　　6.1.3　跨境电子商务竞争对手流量来源分析 116
6.2　跨境电子商务竞品数据分析 118
　　6.2.1　跨境电子商务竞品数据的认知 118
　　6.2.2　跨境电子商务竞品数据的采集方法 119
　　6.2.3　利用 Excel 进行跨境电子商务竞品数据分析 120
6.3　跨境电子商务竞争店铺数据分析 123
　　6.3.1　跨境电子商务竞争店铺数据的认知 123
　　6.3.2　利用 Excel 进行跨境电子商务竞争店铺数据分析 127
复习思考题 130

第 7 章　跨境电子商务数据化选品 132
7.1　跨境电子商务数据化选品概述 132
　　7.1.1　跨境电子商务数据化选品的管理 132
　　7.1.2　跨境电子商务数据化选品的思路 132
　　7.1.3　跨境电子商务数据化选品的要点 134
　　7.1.4　跨境电子商务数据化选品的方法 135
　　7.1.5　跨境电子商务数据化选品的策略 137
　　7.1.6　蓝海选品分析 139
7.2　跨境电子商务国外创新选品 143
　　7.2.1　社区选品 143
　　7.2.2　网站选品 144
　　7.2.3　其他渠道选品 145
7.3　跨境电子商务主流平台选品 147
　　7.3.1　全球速卖通选品 147
　　7.3.2　亚马逊选品 156
　　7.3.3　Wish 选品 162
　　7.3.4　eBay 选品 165
复习思考题 165

第 8 章　跨境电子商务店铺管理数据化 167

8.1　跨境电子商务店铺群数据化管理 167
8.1.1　店铺群管理的类目关联性分析 167
8.1.2　店铺群资金回报率分析 170

8.2　跨境电子商务店铺业务渠道数据化管理 171
8.2.1　产品供应链的管理与优化 171
8.2.2　物流供应链的管理与优化 172
8.2.3　业务饱和度数据分析 174

8.3　跨境电子商务店铺管理其他数据分析 176
8.3.1　跨境电子商务店铺运营数据管理分析 176
8.3.2　跨境电子商务店铺库存数据管理分析 177
8.3.3　跨境电子商务店铺利润数据管理分析 180
8.3.4　跨境电子商务店铺会员数据管理分析 181

复习思考题 183

第 9 章　跨境电子商务客户画像数据分析 184

9.1　跨境电子商务客户画像概述 184
9.1.1　跨境电子商务客户画像的概念 184
9.1.2　跨境电子商务客户画像的应用 185
9.1.3　跨境电子商务客户画像的流程 185

9.2　跨境电子商务主流消费者数据分析 188
9.2.1　跨境电子商务消费者分布数据分析 188
9.2.2　跨境电子商务消费者复购率分析 192

复习思考题 194

参考文献 196

第1章 跨境电子商务数据分析

 **学习目标**

- [ ] 了解大数据的概念与特征
- [ ] 了解跨境电子商务数据分析的基础知识
- [ ] 熟悉跨境电子商务数据分析的原则
- [ ] 掌握跨境电子商务数据分析的流程
- [ ] 熟悉跨境电子商务数据分析的价值

 **技能目标**

- [ ] 能够运用大数据处理工具解决实际问题
- [ ] 能够将大数据应用到实际工作中

1.1 大数据认知

随着物联网、云计算、移动互联网的迅猛发展,大数据(big data)吸引了越来越多的关注,正成为信息社会的重要财富,也给数据的处理与管理带来了巨大挑战。

1.1.1 大数据的概念与特征

1. 大数据的概念

很多人这样理解大数据:"大数据就是大规模的数据。"这个说法真的准确吗?

其实,"大规模"只是针对数据的量而言的,数据量大,但并不代表数据一定有可被数据挖掘、深度学习算法利用的价值。例如,在地球绕太阳运转的过程中,每秒记录一次地球相对太阳的运动速度、位置,可以得到大量数据,但如果只有这样的数据,其实并没有太多可以挖掘的价值。

关于大数据,这里参考马丁·希尔伯特(Martin Hilbert)的总结:今天我们常说的大数据其实是在2000年后,因为信息交换、信息存储、信息处理三个方面能力的大幅增长而产生的数据,如图1-1所示。

(1)信息交换。据估算,1986—2007年,地球上每天可以通过既有信息通道交换的信息数量增长了约217倍,这些信息的数字化程度则从1986年的约20%增长到2007年的

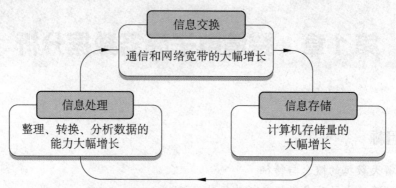

图 1-1　信息交换、信息存储、信息处理

约 99.9%。在数字化信息爆炸式增长的过程中，每个参与信息交换的节点都可以在短时间内接收并存储大量数据。

（2）信息存储。全球信息存储能力大约每三年翻一番。1986—2007 年，全球信息存储能力增加了约 120 倍，所存储信息的数字化程度也从 1986 年的约 1%增长到 2007 年的约 94%。1986 年，即便用上所有的信息载体、存储手段，我们也不过能存储全世界所交换信息的大约 1%，而 2007 年这个数字已经增长到大约 16%。信息存储能力的增加为我们利用大数据提供了近乎无限的想象空间。

（3）信息处理。有了海量的信息获取能力和信息存储能力，我们也必须有对这些信息进行整理、加工和分析的能力。Google、Facebook 等公司在数据量逐渐增大的同时，也相应建立了灵活、强大的分布式数据处理集群。

2. 大数据的特征

大数据的 5V 特征如图 1-2 所示。

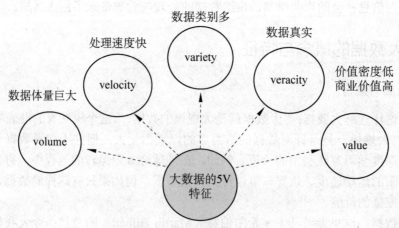

图 1-2　大数据的 5V 特征

（1）数据体量巨大（volume）。这是指收集和分析的数据量非常大，从 TB 级跃升到 PB 级。在实际应用中，很多企业用户把多个数据集放在一起，已经形成了 PB 级的数据量。

（2）处理速度快（velocity）。需要对数据进行近实时的分析，以视频为例，在连续不间断的监控过程中，可能有用的数据持续的时间仅仅有一两秒。这一点和传统的数据挖掘技术有着本质的不同。

（3）数据类别多（variety）。大数据来自多种数据源，数据种类和格式日渐丰富，包括结构化、半结构化和非结构化等多种数据形式，如网络日志、视频、图片、地理位置信息等。

（4）数据真实性（veracity）。大数据的内容与真实世界息息相关，研究大数据就是从庞大的网络数据中提取出能够解释和预测现实事件的信息的过程。

（5）价值密度低、商业价值高（value）。通过分析数据可以得出如何抓住机遇及实现价值。

1.1.2 大数据的处理工具与应用

1. 大数据的处理工具

现有的大数据处理工具大多是对开源的 Hadoop 平台进行改进并将其应用于各种场景。在 Hadoop 完整生态系统中，各子系统都有相应大数据处理的改进产品。常用的大数据处理工具如表 1-1 所示，这些工具有的已经投入商业应用，有的是开源软件。在已经投入商业应用的产品中，绝大部分也是在开源 Hadoop 平台的基础上进行功能扩展，或者提供与 Hadoop 的数据接口。

表 1-1 常用的大数据处理工具

种 类		工 具 示 例
平台	Local	Hadoop、MapR、Cloudera、Hortonworks、BigInsights、HPCC
	Cloud	AWS、Google Compute Engine、Azure
数据库	SQL	MySQL（Oracle）、MariaDB、PostgreSQL、TokuDB、Aster Data、Vertica
	NoSQL	HBase、Cassandra、MongoDB、Redis
	NewSQL	Spanner、Megastore、F1
数据仓库		Hive、HadoopDB、Hadapt
数据收集		ScraperWiKi、Needlebase、bazhuayu
数据清洗		DataWrangler、Google Refine、OpenRefine
数据处理	批处理	MapReduce、Dryad
	流式计算	Storm、S4、Kafka
	内存计算	Drill、Dremel、Spark
查询语言		HiveQL、Pig Latin、DryadLINQ、MRQL、SCOPE
统计与机器学习		Mahout、Weka、R、RapidMiner
数据分析		Jaspersoft、Pentaho、Splunk、Loggly、Talend
可视化分析		Google Chart API、Flot、D3、Processing、Fusion Tables、Gephi、SPSS、SAS、R、Modest Maps、OpenLayers

2. 大数据的应用

（1）商品零售大数据。在美国，有一位父亲怒气冲冲地跑到 Target 卖场，质问为何将带有婴儿用品优惠券的广告邮件寄给他正在念高中的女儿。然而后来证实，他的女儿果真怀孕了。这名女孩搜索商品的关键词，以及在社交网站所显露的行为轨迹，使 Target 捕捉到了她的怀孕信息。相关模型发现，许多孕妇在第二个妊娠期开始时会买许多大包装的无香味护手霜，在怀孕的最初二十周内会大量购买补充钙、镁、锌的善存片之类的保健品。最后，Target 选出了 25 种典型商品的消费数据构建了"怀孕预测指数"。通过这个指数，Target 能够在很小的误差范围内预测顾客的怀孕情况，因此 Target 就能早早地把孕妇优惠广告寄给顾客。

阿里巴巴公司根据淘宝网上中小企业的交易状况筛选出财务健康和讲究诚信的企业，对它们发放无须担保的贷款。零售企业会监控顾客在店内的走动情况及其与商品的互动，并将这些数据与交易记录相结合来展开分析，从而针对销售哪些商品、如何摆放货品及何时调整售价给出建议。此类方法已经帮助某领先零售企业减少了 17% 的存货，同时在保持市场份额的前提下，增加了高利润率自有品牌商品的比例。

（2）消费大数据。亚马逊"预测式发货"的新专利，可以通过对用户数据的分析，在他们正式下单购物前，提前发出包裹。这项技术可以缩短发货时间，从而降低消费者前往实体店的冲动。从下单到收货之间的时间延迟可能会降低人们的购物意愿，导致他们放弃网上购物。所以，亚马逊会根据之前的订单和其他因素，预测用户的购物习惯，从而在他们实际下单前便将包裹发出。根据该专利文件，虽然包裹会提前从亚马逊发出，但在用户正式下单前，这些包裹仍会暂存在快递公司的转运中心或卡车上。

为了确定要运送哪些货物，亚马逊会参考之前的订单、商品搜索记录、愿望清单、购物车，甚至包括用户的鼠标在某件商品上悬停的时间。

（3）中国证券监督管理委员会大数据。回顾"老鼠仓"的查处过程，在马乐案中，大数据首次介入。深圳证券交易所此前通过大数据查出的可疑账户多达三百个。实际上，早在 2009 年，上海证券交易所曾经有过利用大数据设置"捕鼠器"的设想。通过建立相关的模型，设定一定的预警指标，即相关指标达到某个预警点时，监控系统会自动报警。

而此次在马乐案中亮相的深圳证券交易所的大数据监测系统更是引起了广泛关注。深圳证券交易所设置了两百多个指标用于监测估计，一旦出现股价偏离大盘走势的情况，深圳证券交易所就会利用大数据查探异动背后有哪些人或机构在参与。

（4）金融大数据。阿里"水文模型"会按小微企业类目、级别等统计商户的相关"水文数据"。例如，过往每到某个时点，某店铺的销售就会进入旺季，销售额就会增长，其对外投放的资金额度也会上升。结合这些"水文数据"，系统可以判断出该店铺的融资需求；结合该店铺以往资金支用数据及同类店铺资金支用数据，可以判断出该店铺的资金需求额度。

（5）金融交易大数据。量化交易、程序化交易、高频交易是大数据应用比较多的领域。全球 2/3 的股票交易量是由高频交易所创造的，参与者总收益每年高达 80 亿美元。其中，大数据算法被用来做出交易决定。现在，大多数股权交易都是通过大数据算法进行的，这些算法越来越多地开始考虑社交媒体网络和新闻网站的信息，从而在几秒内做出买入和卖出的决定。

当一种产品可以在多个交易所交易时，会形成不同的定价。谁能够最快地捕捉到同一种产品在不同交易所之间的显著价差，谁就能捕捉到瞬间套利机会。在这一过程中，大数据技术成了重要因素。

（6）制造业大数据。在摩托车生产商哈雷·戴维森公司位于宾夕法尼亚州约克市新翻新的摩托车制造厂中，软件不停地记录着各种制造数据，如喷漆室风扇的速度，等等。当软件"察觉"风扇速度、温度、湿度或其他变量偏离规定数值时，它就会自动调节相应的机构。哈雷·戴维森公司还使用软件寻找制约公司每86秒完成一台摩托车制造工作的瓶颈。这家公司的管理者通过研究数据发现安装后挡泥板的时间过长。通过调整工厂配置，哈雷·戴维森公司提高了安装该配件的速度。

美国一些纺织及化工生产商根据从不同的百货公司POS机上收集的产品销售速度信息，将原来的18周送货周期缩短到3周。如此一来，百货公司分销商能以更快的速度拿到货物，减少仓储。对生产商来说，积攒的材料仓储也能减少很多。

（7）医疗大数据。谷歌基于每天来自全球的三十多亿条搜索指令设立了一个系统，这个系统在2009年甲流暴发之前就开始对美国各地区进行"流感预报"，并推出了"谷歌流感趋势"服务。

谷歌在这项服务的产品介绍中写道：搜索流感相关主题的人数与实际患有流感的人数之间存在着密切的关系。虽然并非每个搜索"流感"的人都患有流感，但谷歌发现了一些检索词条的组合并用特定的数学模型对其进行了分析，这些分析结果与传统流感监测系统监测结果的相关性高达97%。这就表示谷歌公司能做出与疾控部门同样准确的传染源位置判断，并且在时间上提前了1～2周。

继世界杯、高考、景点和城市预测之后，百度又推出了疾病预测产品。目前，百度可以就流感、肝炎、肺结核、性病四种疾病，对全国每个省份及大多数地级市和区县的活跃度、趋势图等情况进行全面的监控。未来，百度疾病预测监控的疾病种类将从目前的四种增加到三十多种，覆盖更多的常见病和流行病。用户可以根据当地的预测结果进行针对性预防。

Seton Healthcare是采用IBM最新沃森技术医疗保健内容分析预测的首个客户。该技术允许企业找到大量与病人相关的临床医疗信息，通过大数据处理，更好地分析病人的信息。在加拿大多伦多的一家医院，针对早产儿，每秒钟有超过三千次的数据读取。通过数据分析，医院能够提前知道哪些早产儿可能出现问题，并且有针对性地采取措施，避免早产儿夭折。

大数据让更多的创业者更方便地开发产品，如通过社交网络来收集数据的健康类App，也许在数年后，它们收集的数据能让医生的诊断变得更为精确。社交网络为许多慢性病患者提供了临床症状交流和诊治经验分享平台，医生借此可获得在医院通常得不到的临床效果统计数据。基于对人体基因的大数据分析，可以实现对症下药的个性化治疗。公共卫生部门可以通过全国联网的患者电子病历库快速检测传染病，进行全面疫情监测，并通过集成的疾病监测和响应程序快速做出响应。

（8）交通大数据。UPS 最新的大数据来源是安装在公司 4.6 万多辆卡车上的远程通信传感器，这些传感器能够传回车速、方向、刹车和动力性能等方面的数据。收集到的数据流不仅能反映车辆的日常性能，还能帮助公司重新设计物流路线。大量的在线地图数据和优化算法最终能帮助 UPS 实时地调整驾驶员的收货和配送路线。该系统为 UPS 减少了 8500 万英里①的物流里程，由此节省了 840 万加仑②的汽油。

可基于用户和车辆的 LBS（基于位置服务）定位数据，分析人车出行的个体和群体特征，进行交通行为的预测。交通部门可预测不同时点不同道路的车流量，进行智能的车辆调度或应用潮汐车道。用户则可以根据预测结果选择拥堵概率更低的道路。百度基于地图应用的 LBS 预测涵盖范围更广。在春运期间预测人们的迁徙趋势，指导火车线路和航线的设置；在节假日预测景点的人流量，指导人们进行景区选择；在平时通过百度热力图告诉用户城市商圈、动物园等地点的人流情况，指导用户进行出行选择和商家选点选址。

（9）公安大数据。大数据挖掘技术的底层技术最早是英国军情六处研发用来追踪恐怖分子的技术。利用大数据技术可筛选犯罪团伙，如与锁定的罪犯乘坐同一班列车、住同一酒店的人可能是其同伙。过去，刑侦人员要证明这一点，需要通过把不同线索拼凑起来排查疑犯。

通过对越来越多数据的挖掘分析，可显示某一区域的犯罪率及犯罪模式。大数据可以帮助警方定位最易受到不法分子侵扰的区域，创建一张犯罪高发地区热点图和时间表。这不但有利于警方精准分配警力、预防打击犯罪，也能帮助市民了解情况、提高警惕。

（10）文化传媒大数据。与传统电视剧有别，《纸牌屋》是一部根据"大数据"制作的作品。制作方 Netflix 是美国最具影响力的影视网站之一，在美国本土有约 2900 万名订阅用户。Netflix 的成功之处在于其强大的推荐系统 CineMatch，该系统将用户视频点播的基础数据，如评分、播放、快进、时间、地点、终端等存储在数据库中，然后通过数据分析，推断出用户可能喜爱的影片，并为他们提供定制化的推荐。

Netflix 发布的数据显示，用户在 Netflix 上每天产生 3000 多万个行为，如暂停、回放或快进；同时，用户每天还会给出 400 万个评分，发出 300 万次搜索请求。Netflix 遂决定用这些数据来制作一部电视剧，投资过亿美元制作出《纸牌屋》。

Netflix 发现，其用户中有很多人仍在点播 1991 年 BBC 经典老片《纸牌屋》，这些观众中许多人喜欢大卫·芬奇，而且观众大多爱看奥斯卡奖得主凯文·史派西的电影。由此 Netflix 邀请大卫·芬奇作为导演，凯文·史派西作为主演，翻拍了《纸牌屋》这一政治题材剧。2013 年 2 月《纸牌屋》上线后，用户数增加了 300 万，达到了 2920 万。

（11）航空大数据。Farecast 已经拥有惊人的约 2000 亿条飞行数据记录，用来推测当前网页上的机票价格是否合理。作为一种商品，同一架飞机上每个座位的价格本来不应该有差别，但实际上，价格却千差万别，其中缘由只有航空公司自己清楚。

Farecast 预测当前的机票价格在未来一段时间内会上涨还是下降。这个系统需要分析所有特定航线机票的销售价格，并确定票价与提前购买天数的关系。

---

① 1 英里=1.6039 千米。
② 1 加仑=3.785 升。

Farecast 票价预测的准确度已经高达 75%。使用 Farecast 票价预测工具购买机票的旅客，平均每张机票可节省 50 美元。

（12）人体健康大数据。中医可以通过望闻问切发现人体内隐藏的一些慢性病，甚至看体质便可知晓一个人将来可能会出现什么症状。人体体征变化有一定规律，而慢性病发生前人体会有一些持续性异常。从理论上来说，如果大数据掌握了这样的异常情况，便可以进行慢性病预测。

结合智能硬件，慢性病的大数据预测变为可能。可穿戴设备和智能健康设备可帮助网络收集人体健康数据，如心率、体重、血脂、血糖、运动量、睡眠量等。如果这些数据足够精确且全面，并且有可以形成算法的慢性病预测模式，或许未来你的设备就会提醒你的身体有罹患某种慢性病的风险。Kickstarter 上的 My Spiroo 便可收集哮喘病人的吐气数据来指导医生诊断其未来的病情趋势。

（13）体育赛事大数据。在世界杯期间，谷歌、百度、微软和高盛等公司都推出了比赛结果预测平台。百度预测结果最为亮眼，预测全程 64 场比赛，准确率为 67%，进入淘汰赛后准确率为 94%。现在互联网公司取代章鱼保罗试水赛事预测，也意味着未来的体育赛事会被大数据预测所掌控。

谷歌世界杯预测基于 Opta Sports 的海量赛事数据来构建其最终的预测模型。百度则是搜索过去 5 年内全世界 987 支球队（含国家队和俱乐部队）的 3.7 万场比赛数据，同时与中国彩票网站乐彩网、欧洲必发指数数据供应商 SPdex 进行数据合作，导入博彩市场的预测数据，建立了一个囊括 199 972 名球员和 1.12 亿条数据的预测模型，并在此基础上进行结果预测。

从互联网公司的成功经验来看，只要有体育赛事历史数据，并且与指数公司进行合作，便可以进行其他赛事的预测，如欧洲冠军联赛、NBA 等赛事。

（14）灾害大数据。气象预测是最典型的灾害预测。地震、洪涝、高温、暴雨这些自然灾害如果可以利用大数据进行预测，便有助于减灾、防灾、救灾、赈灾。过去的数据收集方式存在着死角、成本高等问题，物联网时代可以借助廉价的传感器、摄像头和无线通信网络进行实时的数据监控收集，再利用大数据预测分析，做到更精准的自然灾害预测。

以气象卫星数据为例，虽然气象卫星是用来获取与气象要素相关的各类信息的，然而在森林草场火灾、船舶航道浮冰分布等方面，气象卫星也能发挥出跨行业的实时监测服务价值。气象卫星、天气雷达等非常规遥感遥测数据中包含的信息十分丰富，有可能挖掘出新的应用价值，从而拓展气象行业新的业务领域和服务范围。例如，可以利用气象大数据为农业生产服务。美国硅谷有家专门从事气候数据分析处理的公司，它从美国气象局等数据库中获得数十年来的天气数据，然后将各地降雨、气温、土壤状况与历年农作物产量的相关度做成精密图表，可预测各地农场来年产量和适宜种植品种，同时向农户提供个性化保险服务。气象大数据应用还可在林业、海洋、气象灾害等方面拓展新的业务领域。

（15）环境变迁大数据。大数据除可以进行短时间微观的天气、灾害预测，还可以进行长期和宏观的环境与生态变迁预测。森林和农田面积缩小、野生动植物濒危、海岸线上升、温室效应等问题是地球面临的"慢性问题"。如果人类知道越多地球生态系统及天气形态变化数据，就越容易模拟未来环境的变迁，进而阻止不好的转变发生。大数据能帮助人类收集、存储和挖掘更多的地球数据，并且提供预测的工具。

除了上面列举的十五个领域，大数据还可被应用于房地产预测、就业情况预测、高考分数线预测、选举结果预测、奥斯卡大奖预测、保险投保者风险评估、金融借贷者还款能力评估等方面，让人类具备可量化、有说服力、可验证的洞察未来的能力。

美国的维克托在《大数据时代》一书中提到："未来，数据将会像土地、石油和资本一样，成为经济运行中的根本性资源。"

总之，未来的信息世界是三分技术、七分数据，得数据者得天下。

1.2　跨境电子商务数据分析概述

数据分析是一种思维方式和技能，是指通过数据化的工具、技术和适当的统计分析方法对收集来的大量资料进行分析，以最大化地发挥数据的作用，提取有用信息、形成结论的过程，即对数据进行详细研究和概括总结的过程。

1.2.1　跨境电子商务数据分析的基础知识

跨境电子商务数据分析的基础知识主要包括跨境电子商务数据分析的概念、意义与作用。

1. 跨境电子商务数据分析的概念

数据分析是指用适当的统计分析方法对收集的大量第一手资料进行分析，以最大化地利用数据资料，发挥数据资料的作用，提取有用的信息并形成结论，从而对数据加以详细研究和概括总结的过程。跨境电子商务数据分析就是跨境电子商务通过数据分析得到有助于跨境电子商务发展的相关资料。例如，全球速卖通的卖家通过数据分析，能将整个店铺的运营建立在科学分析的基础之上，对各种指标进行定性、定量分析，从而为决策者提供准确、科学的参考依据。

2. 跨境电子商务数据分析的意义

在实践中，数据分析可以帮助人们做出判断，以便采取适当的行动。数据分析的意义在于发现问题，并且找到产生问题的根源，最终通过切实可行的办法解决存在的问题；基于以往的数据分析，总结发展趋势，为营销决策提供数据支持。

3. 跨境电子商务数据分析的作用

跨境电子商务数据分析的作用有分享线上活动成效，考核相关人员绩效（key performance indicator，KPI），监控推广的投入产出（return on investment，ROI），发现客服、营销等方面的问题，预测市场未来趋势，帮助改进网站用户体验设计（user experience design，UED）。数据分析贯穿于产品的整个生命周期，从市场调研到售后服务的各个过程，都需要适当运用数据分析，以提升产品策划的有效性。

1.2.2 跨境电子商务数据分析的原则

跨境电子商务数据分析具有科学性、系统性、针对性、实用性和趋势性五个原则，如图 1-3 所示。

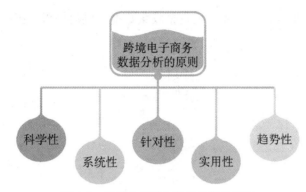

图 1-3 跨境电子商务数据分析的原则

1. 科学性

科学方法的显著特征是数据收集、分析和解释的客观性。数据统计分析要具有同其他科学方法一样的客观标准。

2. 系统性

数据分析不是单个资料的记录、整理或分析活动，而是一个周密策划、精心组织、科学实施，并由一系列工作环节、步骤、活动和成果组成的过程。一次完整的数据分析应包括分析目的与框架、数据收集、数据处理、数据分析、数据展现和报告撰写六个环节。

3. 针对性

不同的数据分析方法，无论是基础的分析方法，还是高级的分析方法，都会有它的适用领域和局限性。例如，行业宏观分析采用 PEST 模型（P——politics，E——economy，S——society，T——technology），用户行为分析采用 5W2H 模型（5W——what，why，who，when，where，2H——how，how much），客户价值分析采用 RFM 模型（R——recency，F——frequency，M——monetary），销售推广分析常采用多维指标监测，等等。只有根据数据分析的目标选择合适的分析方法与模型，才能得到科学有效的结果。

4. 实用性

数据分析是为企业决策服务的，因此在保证其专业性和科学性的同时，也不能忽略其现实意义。在进行数据分析时，还应考虑分析指标的可解释性、报告的可读性、结论的指导意义与实用价值等。

5. 趋势性

市场所处的环境是不断变化的，在进行商务数据分析时，要用发展的眼光看待问题，不能局限于当前现状与滞后指标，要充分考虑社会宏观环境、市场变化与先行指标。

1.2.3 跨境电子商务数据分析的流程

跨境电子商务数据分析的流程主要包括收集数据、量化分析、提出方案和优化改进，如图1-4所示。

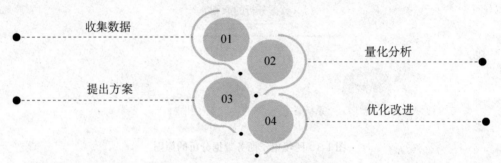

图1-4 跨境电子商务数据分析的流程

1. 收集数据

在对网站数据进行分析之前，企业首先需要收集和获取数据，尽量获得完整、真实、准确的数据，做好数据的预处理工作，以便量化分析工作的开展。收集数据的类型及具体内容如表1-2所示。

表1-2 收集数据的类型及具体内容

收集数据的类型	具体内容
网站后台的数据	网站用户数据（注册时间、用户性别、所属地域、来访次数、停留时间等）
	订单数据（下单时间、订单数量、商品品类、订单金额、订购频次等）
	反馈数据（客户评价、退换货、客户投诉等）
搜索引擎的数据	网站在各个搜索引擎中的收录量（site）
	网站在搜索引擎中的更新频率
	关键词在搜索引擎中的竞价排名情况
	网站取得的搜索引擎信任的权重（谷歌的PR值、搜狗的SR值）等
统计工具的数据	网站的统计工具很多，这些工具基本上都会提供访客来自哪些地域、来自哪些网站、来自哪些搜索词、浏览了哪些页面等数据信息，并且网站还会根据需要进行广告跟踪

2. 量化分析

分析不是只对数据的简单统计和描述，还会在数据中发现问题的本质，然后针对确定的主题进行归纳和总结。常用的分析方法有以下四种,如表1-3所示。

表1-3 量化分析的方法及要点说明

量化分析的方法	要点说明
趋势分析	趋势分析是指将实际分析的结果与不同时期的报表中的同类指标的历史数据进行比较,从而确定变化趋势和变化规律。具体的分析方法包括定比和环比两种。定比是以某一时期的数据为基数,对其他各期的数据均与该基数进行比较;而环比是以上一时期的数据为基数,对下一时期的数据与上一时期的数据进行比较
对比分析	对比分析是指对两个相互联系的指标数据进行比较,从数量上展示和说明研究对象规模的大小、水平的高低、速度的快慢,以及各种关系是否协调。在对比分析中,选择合适的对比标准是十分关键的,标准合适,才能做出客观的评价,反之,可能得出错误的结论
关联分析	关联分析意为如果两个或多个事物之间存在一定的关联,那么其中一个事物就能够通过其他事物进行预测。它的目的是挖掘隐藏在数据间的相互关系
因果分析	因果分析是为了确定引起某一现象变化的原因的分析,主要解决"为什么"的问题。因果分析就是在研究对象的先行情况中,把引起它发生变化的原因的现象与其他非原因的现象区分开来,或者是在研究对象的后行情况中,把因它而产生的结果的现象与其他的现象区分开来

3. 提出方案

对数据量化分析的结果进行汇总、诊断,并提出最后的解决方案,如表1-4所示。

表1-4 提出解决方案及要点说明

解决方案	要点说明
评估描述	对评估情况进行客观描述,用数据支撑自己的观点
编制统计图表	运用柱形图和条形图对基本情况进行更清晰的描述,运用散点图和折线图表现数据间的因果关系
提出观点	根据实际情况进行数据分析,提出自己的观点,预判发展趋势,给出具体的建议性的改进措施
演示文档	基于以上三点进行归纳总结,列出条目,制作一份详细的演示文档,将具体方案讲解给部门领导

4. 优化改进

根据改进措施的实施,及时了解数据相应的变化,不断进行优化和改进,不仅要治标,而且要治本,使同类的问题不再出现。运营人员要持续监控和反馈,不断寻找能从根本上解决问题的最优方案。

数据分析是一项长期工作,同时也是一个循序渐进的过程,需要运营人员实时监测网站运行情况,及时发现问题、分析问题并解决问题,这样才能使跨境电子商务健康、持续地发展。

1.2.4 跨境电子商务数据分析的价值

跨境电子商务数据分析的价值主要体现在以下三个方面，如图1-5所示。

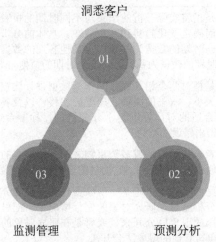

图1-5 跨境电子商务数据分析的价值

1. 洞悉客户

跨境电子商务数据分析可以帮助跨境电子商务卖家更好地了解客户的需求和行为偏好；客户的来源渠道是什么？是新客户还是老客户？客户关注哪个产品？以此决定自己的营销投放渠道、策略和方向。例如，在分析客户的来源渠道时，通过分析客户是从Instagram、Facebook等外部平台来，还是从平台网站的搜索、导购频道来，这可以帮助跨境电子商务卖家调整营销投放策略，发现对客户更有吸引力和价值的渠道，调整渠道经营策略。

2. 预测分析

预测是通过一段时期的历史数据拟合出数据变化模型，据此测算未来的数据拟合值，这是数据分析的重要目标。对于跨境电子商务卖家而言，一方面，通过预测可以合理地制定企业的经营目标和发展规划；另一方面，通过预测能够及时发现运营过程中可能出现的问题，从而优化原有业务流程、提升和改进客户体验、制定预警和防范策略。此外，预测可以更合理地优化资源配置，达到实现效益最大化的目的。

3. 监测管理

数据分析可以帮助跨境电子商务卖家实时监控整个运营流程，方便快捷地把握各个关键运营节点的表现，适时制定更准确、更高效的执行策略。此外，通过社交平台的舆情监测，根据客户的评价数据，及时地进行产品改进，改善客户体验，打造良好的口碑，完善社交平台运营，帮助跨境电子商务卖家始终朝着正确的方向和目标前进。

数据分析对于跨境电子商务全业务链具有重要的价值。随着近年来跨境电子商务的迅猛发展和竞争日趋白热化,消费者对于线上消费体验和产品服务的要求日益多元化和个性化,跨境电子商务卖家越来越意识到通过数据挖掘有效信息,能够支持精细化的客户管理和产品运营。

复习思考题

一、填空题

1. 大数据除了进行短时间微观的天气、灾害预测,还可以进行长期和宏观的环境和_____预测。
2. 数据分析的意义在于发现问题,并且找到产生问题的根源,最终通过切实可行的办法解决存在的问题;基于以往的数据分析,总结发展趋势,为营销决策提供_____。
3. 从数据化管理的流程来看,_____是数据化管理的核心。
4. 一次完整的数据分析应包括分析目的与框架、数据收集、数据处理、数据分析、数据展现和_____六个环节。
5. 预测是通过一段时期的历史数据拟合出数据变化模型,据此测算未来的数据拟合值,这是数据分析的_____。

二、判断题

1. "大规模"只是针对数据的量而言的,数据量大,代表数据一定有可被数据挖掘、深度学习算法利用的价值。(   )
2. 全球信息存储能力大约每 5 年翻一番。(   )
3. 现有的大数据处理工具大多是对开源的 Hadoop 平台进行改进并将其应用于各种场景。(   )
4. 对比分析是指将实际分析的结果与不同时期的报表中的同类指标的历史数据进行比较,从而确定变化趋势和变化规律。(   )
5. 数据分析可以帮助跨境电子商务卖家实时监控整个运营流程,方便快捷地把握各个关键运营节点的表现,适时制定更准确、更高效的执行策略。(   )

三、简答题

1. 简述大数据的特征。
2. 简述跨境电子商务数据分析的原则。
3. 简述跨境电子商务数据分析的流程。
4. 简述量化分析的常用方法。
5. 简述跨境电子商务数据分析的价值。

第 2 章 跨境电子商务数据分析的方法、模型与指标

学习目标
- 了解跨境电子商务数据分析的常用方法
- 掌握跨境电子商务数据分析的主要模型以及实际应用
- 掌握跨境电子商务数据分析的五种常用指标

技能目标
- 能够利用聚类分析法对跨境电子商务数据进行分析
- 能够运用跨境电子商务数据的指标解决实际问题

2.1 跨境电子商务数据分析的方法

跨境电子商务数据分析方法是指在进行数据分析时具体采用的方法，主要从微观角度指导数据分析人员进行数据分析。常见的基本数据分析方法有时间序列分析法、结构分析法、对比分析法、回归分析法、分组分析法、平均分析法、矩阵关联分析法、聚类分析法和相关分析法等。

2.1.1 时间序列分析法

1. 时间序列分析法的认知

时间序列是指按时间顺序进行排列的数字序列。时间序列分析就是应用数理统计方法对相关数列进行处理，以预测未来事物的发展。时间序列分析法是定量预测方法之一，它的基本原理如下：一是承认事物发展的延续性，应用过去的数据就能推测事物的发展趋势；二是考虑到事物发展的随机性，任何事物发展都可能受偶然因素的影响，因此要利用统计分析中的加权平均法对历史数据进行处理。该方法简单易行，便于掌握，但准确性较差，一般只适用于短期预测。时间序列预测一般反映三种变化规律：趋势性变化、周期性变化、随机性变化。

一个时间序列通常由四个要素组成：趋势、季节变动、循环波动和不规则波动，如表

2-1 所示。

表 2-1　一个时间序列的组成要素及要点说明

一个时间序列的组成要素	要点说明
趋势	是时间序列在一段较长的时期内呈现的持续向上或持续向下的变动状况
季节变动	是时间序列在一年内重复出现的周期性波动，它是受气候条件、生产条件、节假日或人们的风俗习惯等各种因素影响的结果
循环波动	是时间序列呈现的非固定长度的周期性变动；循环波动的周期可能会持续一段时间，但与趋势不同，它不是朝着单一方向的持续变动，而是涨落相同的交替波动
不规则波动	是时间序列中除去趋势、季节变动和循环波动之后的随机波动；不规则波动通常夹杂在时间序列中，致使时间序列产生一种波浪形或震荡式的变动；不含随机波动的序列也称为平稳序列

2. 采用趋势线预测法预测店铺销售额

趋势线预测法是一种常用的预测分析方法，即利用线性趋势线预测店铺销售额。已知某店铺 2015—2023 年的销售额数据，利用线性趋势线预测店铺 2024 年、2025 年的店铺销售额。本图适用 Excel 2016 版本，具体操作步骤如下。

（1）打开"第 2 章 1.1 数据源 1"文件，选择 A2:B12 单元格区域，选择"插入"选项卡，在"全部图表"中选择"全部图表"选项，单击"折线图"按钮，选择"折线图〚CD〛标记"选项，选择折线图，如图 2-1 所示。

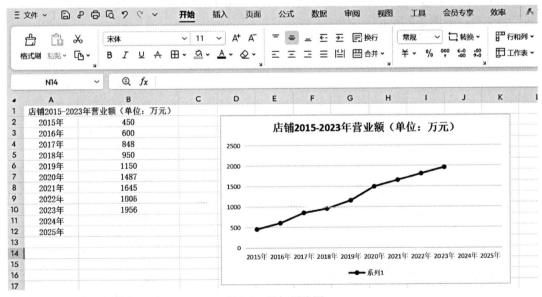

图 2-1　添加折线图

（2）选中折线图表，单击"图表工具"→"添加元素"按钮，在弹出的下拉菜单中选择"趋势线"→"线性"选项，即可完成线性趋势线的添加工作，如图 2-2 所示。

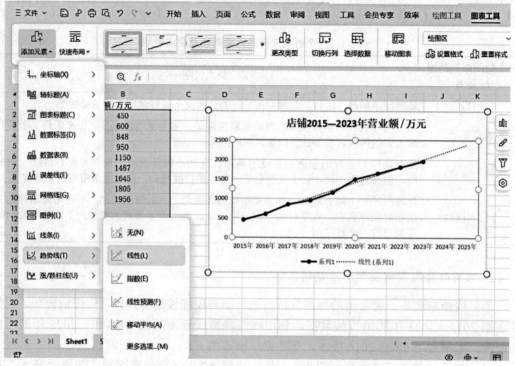

图2-2 添加线性趋势线

（3）用鼠标右键单击插入的趋势线，选择"设置趋势线格式"选项，本例中需预测两年的销售额，故在"趋势预测"栏下的"向前"文本框中输入"2.00"，选中"显示公式"复选框，如图2-3所示。

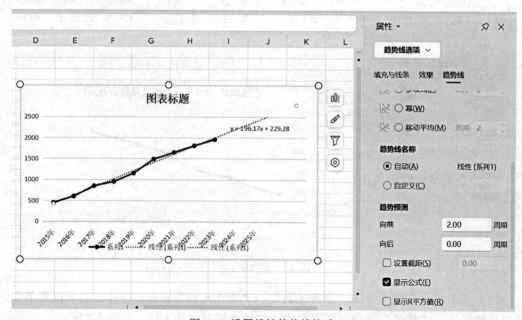

图2-3 设置线性趋势线格式

（4）在图表中查看预测公式，使用公式计算预测年份的销售额。例如，本例中公式为 $y=196.17x+229.28$，其中 x 是年份对应的数据点，y 是对应年份的销售额。

2.1.2 结构分析法

结构分析法是指对研究总体内的各部分与总体进行对比的分析方法。总体内的各部分占总体的比例属于相对指标，一般某部分所占比例越大，说明其重要程度越高，对总体的影响越大。例如，对国民经济的构成进行分析，可以得到生产、流通、分配和使用各环节占国民经济的比重，或是各部门对国民经济的贡献比重，从而揭示各部分之间的联系及变化规律。

结构相对指标（比例）的计算公式为

$$结构相对指标（比例）=某部分的数值\div总体总量\times100\%$$

结构分析法的优点是简单实用，在实际的企业运营分析中，市场占有率就是一个非常典型的运用结构分析法得到的指标。其计算公式为

$$市场占有率=(某种产品的销售量\div该种产品的市场销售总量)\times100\%$$

市场占有率是分析企业在行业中竞争状况的重要指标，也是衡量企业运营状况的综合经济指标。市场占有率高，表明企业运营状况好，竞争能力强，在市场上占据有利地位；反之，则表明企业运营状况差，竞争能力弱，在市场上处于不利地位。

所以，评价一个企业的运营状况是否良好，不仅需要了解该企业的客户数、营业收入等绝对指标是否有所增长，还需要了解其市场占有率是否保持稳定，或者也在增长。如果其市场占有率下降，就说明竞争对手增长更快，相比较而言，企业就是在退步，对此，企业要提高警惕，出台相应的改进措施。

2.1.3 对比分析法

对比分析法也称为比较分析法，是对客观事物进行比较，以认识事物的本质和规律，并做出正确的评价的方法。对比分析法通常是对两个相互联系的数据进行比较，从数量上展示和说明数据分析对象的规模大小、水平高低、速度快慢，以及各种关系是否协调。在对比分析中，选择合适的对比标准是十分关键的，只有选择合适的对比标准才能做出客观的评价，选择不合适的对比标准可能会得出错误的结论。可以选择不同的维度进行对比分析，常用的对比维度如图2-4所示。

1. 时间维度

时间维度的对比分析以不同时间的指标数值作为对比标准。时间维度是一种很常见的对比维度。根据所要进行对比的时间标准不同，对比分析可分为同比和环比。

2. 空间维度

空间维度的对比分析是指可选择不同的空间指标数据进行比较，可以与同级部门、单

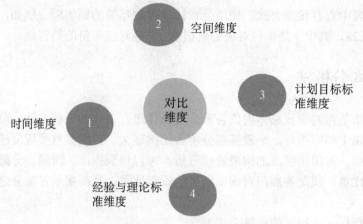

图 2-4 常用的对比维度

位、地区进行比较,也可以与行业内的标杆企业、竞争对手或行业平均水平进行比较。

3. 计划目标标准维度

计划目标标准维度的对比分析是指对实际完成进度与目标进度、计划进度进行对比。这类对比在实际应用中是非常普遍的,如公司本季度完成的业绩与目标业绩进行对比、促销活动的实际销售情况与计划销售情况进行对比等。

4. 经验与理论标准维度

经验标准是通过对大量历史资料的归纳而得到的标准,理论标准则是通过对已知理论进行推理而得到的标准,如衡量居民生活水平的恩格尔系数。

2.1.4 回归分析法

回归分析法(regression analysis)是研究一个随机变量(Y)对另一个随机变量(X)或一组随机变量($X_1, X_2, \cdots, X_n$)的相依关系的统计分析方法。回归分析法是确定两种或两种以上随机变量之间相互依赖的定量关系的一种统计分析方法,其运用十分广泛。回归分析法按照涉及的自变量的多少,可分为一元回归分析和多元回归分析;按照自变量和因变量之间的关系类型,可分为线性回归分析和非线性回归分析。

简单地说,回归分析法就是几个自变量经加减乘除后就能得到因变量。例如,想知道活动覆盖率、产品价格、客户薪资水平、客户活跃度等指标与购买量存在何种关系,就可以运用回归分析法,把这些指标及购买量的数据输入系统,运算后即可分别得出这些指标与购买量存在何种关系的结论,以及通过进一步的运算得出相应的购买量。

回归分析工具是一种非常有用的预测工具,既可以对一元线性或多元线性问题进行预测分析,也可以对某些可以转化为线性问题的非线性问题进行预测分析。一般线性回归分析主要有五个步骤,如图 2-5 所示。

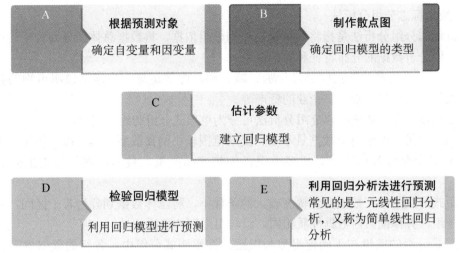

图 2-5　一般线性回归分析的步骤

2.1.5　分组分析法

1. 分组分析法的认知

分组分析法是一种重要的数据分析方法，它一般根据数据分析对象的特征，并按照一定的标志，把数据分析对象划分为不同的部分或类型进行研究，以揭示其内在的联系和规律。

分组是为了便于对比，把总体中具有不同性质的对象区分开，把具有相同性质的对象放在一起，保持各组内对象属性的一致性、组与组之间对象属性的差异性，以便进一步运用各种数据分析方法解构组内的数量关系。因此，分组分析法必须与对比分析法结合运用。

分组分析法的关键是分组。那么，该如何分组？按什么样的规则分组？选择不同的分组标志，可以形成不同的分组方法。通常可以按属性标志和数量标志进行分组。

1）属性标志分组分析法

属性标志分组分析法是指按数据分析对象的属性标志来分组，以分析社会经济现象的各种属性特征，从而找出客观事物的发展规律的一种分析方法。

属性标志所代表的数据不能进行运算，只能用于说明事物的性质、特征，如人的姓名、所在部门、性别、文化程度等。

按属性标志分组一般较简单，分组标志一旦确定，组数、组名、组与组之间的界限也就确定了。例如，人口按性别分为男、女两组，具体到每一个人应该分在哪一组都是很清楚的。

一些复杂问题的分组称为统计分类。统计分类是相对复杂的属性标志分组分析法，需要根据数据分析的目的统一规定分类标准和分类目录。例如，国家工业部门一般先分为采掘业和制造业两大部分，再分为大类、中类、小类三个层次。

2)数量标志分组分析法

数量标志分组分析法是指将数量标志作为分组依据,将数据总体划分为若干性质不同的部分,以分析数据的分布特征和内部联系。

数量标志所代表的数据能够进行加、减、乘、除等运算,也能够说明事物的数量特征,如人的年龄、工资水平、企业的资产等。

根据数量特征,数量标志分组分析法可分为单项式分组和组距式分组。

单项式分组一般适用于数据量不多、变动范围较小的离散型数据。每个数量标志就是一组,有多少个数量标志就分成多少组,如按产品产量、技术级别、员工工龄等标志分组。

组距式分组是指在数据变化幅度较大的条件下,将总体数据划分为若干区间,每个区间作为一组,并保证组内数据性质相同,组与组之间的性质相异。

组距式分组的关键在于确定组数与组距。在组距式分组中,各组的取值界限称为组限。一个组的最小值称为下限,最大值称为上限;上限与下限的差值称为组距;上限值与下限值的平均数称为组中值,它是一组数据的代表值。采用组距式分组需要经过以下三个步骤,如图2-6所示。

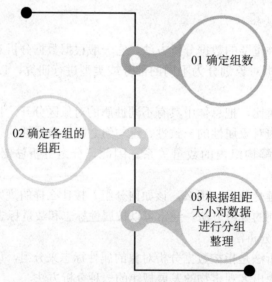

图2-6 组距式分组的步骤

(1)确定组数。组数可以由数据分析人员决定,根据数据本身的特点(数据的大小)来确定。由于分组的目的之一是观察数据分布的特征,因此确定的组数应适中。如果组数太少,数据的分布就会过于集中,组数太多,数据的分布就会过于分散,都不便于观察数据分布的特征和规律。

(2)确定各组的组距。组距可根据全部数据的最大值和最小值及所确定的组数来确定,即

$$组距=(最大值+最小值)÷组数$$

（3）根据组距大小对数据进行分组整理。分好组之后，就可以进行相应数据的分组汇总分析，从而对比各个组之间的差异以及各组与总体间的差异。

2. 使用 VLOOKUP 函数与数据透视法进行分组分析

某企业运营的童装店铺中有一款"连帽卫衣"是网店的主营产品之一。为了了解这款产品的买家数分布情况，企业采集了 1 个月的市场上这款"连帽卫衣"的买家数据，现对该数据进行分组分析。

（1）打开"第 2 章 1.1 数据源 3"文件，新建"买家数排序"列，将"买家数"数据复制到该列，如图 2-7 所示。

	A	B	C
1	日期	买家数	买家数排序
2	2023年3月1日	1589	1589
3	2023年3月2日	2432	1678
4	2023年3月3日	2754	1967
5	2023年3月4日	1967	1967
6	2023年3月5日	3765	1999
7	2023年3月6日	2854	2045
8	2023年3月7日	2598	2432
9	2023年3月8日	3088	2576
10	2023年3月9日	4219	2598
11	2023年3月10日	4476	2657
12	2023年3月11日	6245	2754
13	2023年3月12日	6076	2854
14	2023年3月13日	5985	2876
15	2023年3月14日	3986	2899
16	2023年3月15日	3517	3055
17	2023年3月16日	4690	3088
18	2023年3月17日	5098	3349
19	2023年3月18日	3349	3378
20	2023年3月19日	1967	3501
21	2023年3月20日	2657	3517
22	2023年3月21日	2876	3765

图 2-7 新建单元列"买家数排序"

（2）对新建的单元列进行排序，选择"买家数排序"列，选择"数据"→"排序"→"升序"选项，在弹出的"排序警告"对话框中选中"以当前选定区域排序"单选按钮，然后单击"排序"按钮，如图 2-8 所示。根据结果显示，"买家数"最小值为 1589，最大值为 6245，因此在进行分组操作时，每个分组的间隔为 1000，分组区间为：最小值 1500，最大值 6500。

（3）在表格中新建成对的单元列，分别为"分组下限"和"分组"两个单元列，完成分组间隔设置，如图 2-9 所示。

（4）新建"买家数分组"列，单击 D2 单元格，输入 VLOOKUP 函数，完成 VLOOKUP 函数参数设置，如图 2-10 所示，完成 VLOOKUP 函数参数设置后，单击"确定"按钮，即可完成"买家数分组查找"，如图 2-11 所示。

（5）选中"买家数分组"数据区域，插入"数据透视表"。

图 2-8　对“买家数”进行排序

F	G
分组下限	分组
1500	1500-2500
2500	2500-3500
3500	3500-4500
4500	4500-5500
5500	5500-6500

图 2-9　新建“分组下限”与“分组”

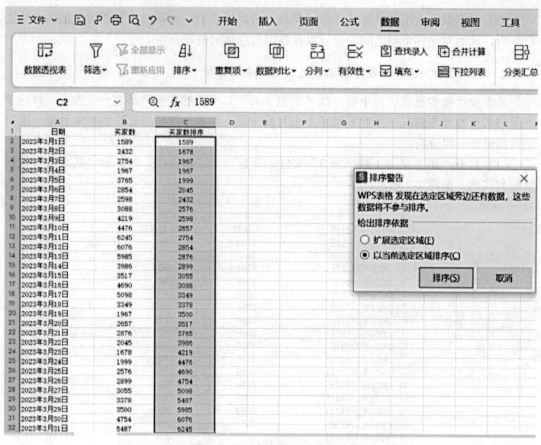

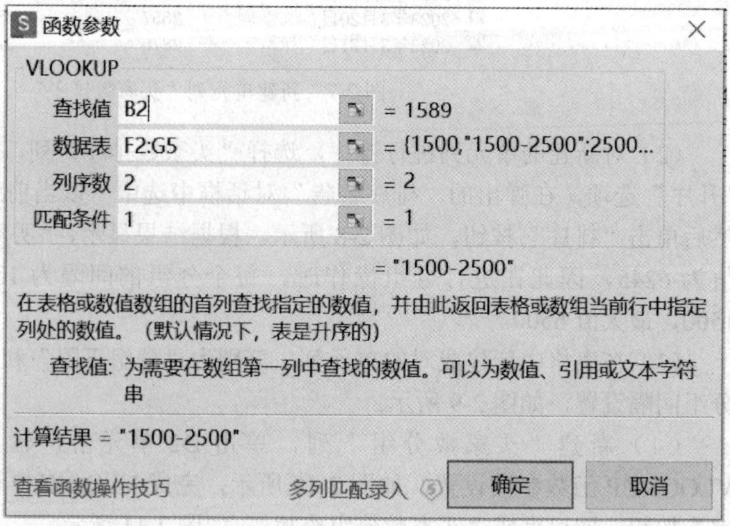

图 2-10　VLOOKUP 函数设置

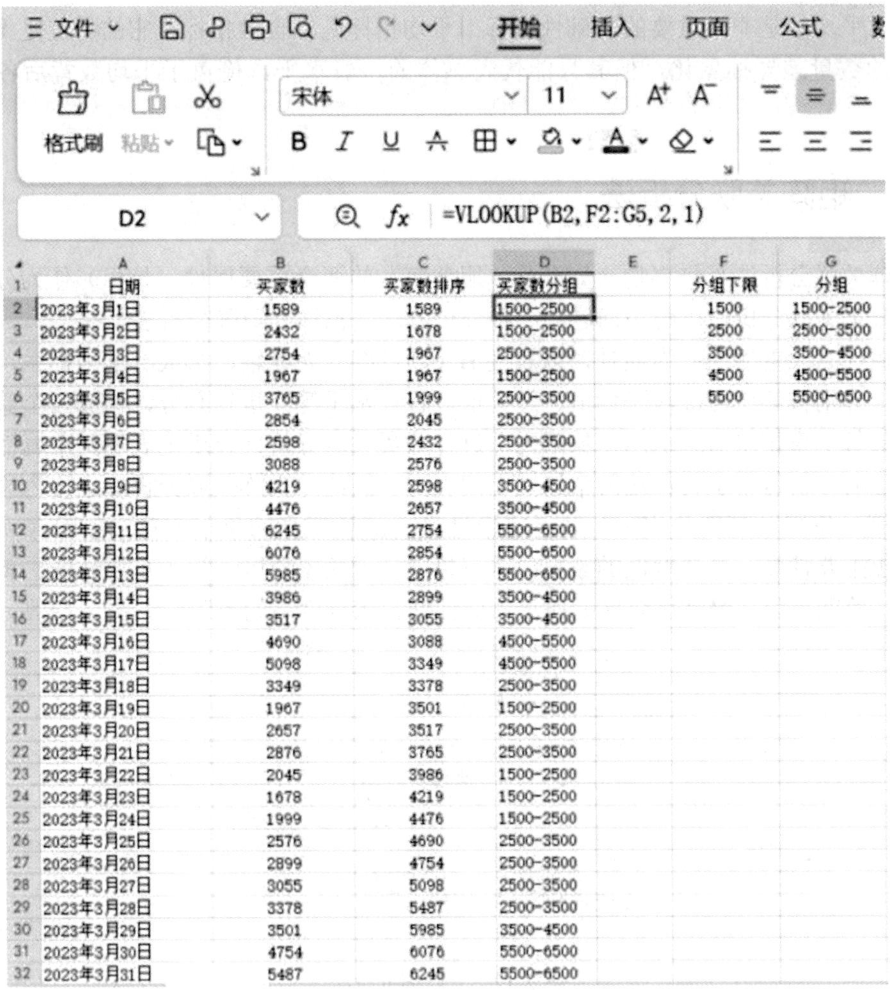

第 2 章　跨境电子商务数据分析的方法、模型与指标

图 2-11　完成"买家数分组查找"

2.1.6　平均分析法

平均分析法是运用平均指标反映总体在一定时间、地点条件下，某一数量特征的一般水平。平均指标可用于同一现象在不同地区、不同部门或单位之间的对比，还可用于同一现象在不同时间的对比。平均分析法的作用主要有以下两个。

（1）利用平均指标对比同一现象在不同地区、不同行业、不同类型单位之间的差异程度，比用总量指标进行对比更具有说服力。

（2）利用平均指标对比同一现象在不同历史时期的变化，更能说明其发展趋势和规律。平均指标有算术平均数、调和平均数、几何平均数、众数和中位数等，其中最常用的是算术平均数，也就是日常所说的平均数或平均值。

算术平均数的计算公式为

算术平均数=总体各单位数值的总和÷总个数

算术平均数是非常重要的基础性指标。平均指标是综合性指标，它的特点是将总体内各单位的数量差异抽象化，但其只能代表总体的一般水平，掩盖了平均数背后各单位的差异。

2.1.7 矩阵关联分析法

矩阵关联分析法是将事物（如产品、服务等）的两个重要属性（指标）作为分析的依据进行分类关联分析，以解决问题的一种分析方法，也称为矩阵分析法。

以属性 A（重要性）为横轴，以属性 B（满意度）为纵轴，形成一个坐标系，在两个坐标轴上分别按某一标准（平均值、经验值、行业水平等）进行划分，构成四个象限，将要分析的每个事物映射到这四个象限内，进行分类关联分析，直观地表现两个属性间的关联性，进而分析每个事物在这两个属性上的表现。因此，矩阵关联分析法也称为象限图分析法。第一象限（高度关注区）属于重要性高、满意度高的象限；第二象限（优先改进区）属于重要性高、满意度低的象限；第三象限（无关紧要区）属于重要性低、满意度低的象限；第四象限（维持优势区）属于重要性低、满意度高的象限，如图 2-12 所示。

图 2-12　象限图分析法

矩阵关联分析法在解决问题和分配资源时为决策者提供了重要参考，依据该方法决策者可以先解决主要矛盾，再解决次要矛盾，有利于提高工作效率，并将资源分配到最能产生效益的部门、工作中，有利于决策者进行资源优化配置。

矩阵关联分析法的结果直观清晰，使用简便，所以它在营销管理活动中应用广泛，对销售管理起到指导、促进、提高的作用，并且在战略定位、市场定位、产品定位、用户细分、满意度研究等方面都有较多的应用。

2.1.8 聚类分析法

聚类分析法是指将物理对象或抽象对象的集合分组，形成由类似的对象组成的多个类的分析方法。聚类分析的目标是在相似的基础上收集数据并进行分类。聚类技术源于很多领域，包括数学、计算机科学、统计学、生物学和经济学等。在不同的领域，很多聚类技术都得到了很好的应用，这些技术被用于描述数据、衡量不同数据源间的相似性，以及把数据源分到不同的簇中。

聚类分析法是一种探索性的分析方法。在分类的过程中，人们不必事先给出一个分类标准，聚类分析法能够从样本数据出发自动进行分类。不同的研究者对于同一组数据进行聚类分析，所得到的结论未必一致。

聚类常常与分类放在一起讨论。聚类与分类的区别在于，聚类所要求划分的类是未知的，聚类是将数据分类到不同的类或者簇中的一个过程。所以，同一个簇中的对象有很大的相似性，而不同簇间的对象有很大的相异性。

从统计学的观点看，聚类分析法是通过数据建模简化数据的一种方法。传统的聚类分析法包括系统聚类法、分解法、加入法、动态聚类法、有序样品聚类法、有重叠聚类法和模糊聚类法等。采用 k-均值、k-中心点等算法的聚类分析工具已被置入许多统计分析软件中，如 SPSS、SAS 等。

从实际应用的角度看，聚类分析是数据挖掘的主要任务之一。聚类分析能够作为一个独立的工具获取数据的分布状况，观察每一簇数据的特征，再对特定的聚簇集合做进一步分析。因此聚类分析可以作为其他算法（如分类和定性归纳算法）的预处理步骤。

2.1.9 相关分析法

相关分析法（correlation analysis）研究各种现象之间是否存在某种相关关系，并对相关方向以及相关程度进行探讨。

相关关系是一种非确定性的关系，具有随机性，因为影响现象发生变化的因素不止一个，并且变化总是围绕某些数值的平均数上下波动。例如，以 X 和 Y 分别记录一个人的身高和体重，或访客数与成交量，则 X 与 Y 显然有关系，但这个关系又没有确切到可由其中的一个变量去精确地决定另一个变量的程度，这就是相关关系。

相关分析法是研究两个或两个以上随机变量之间相关关系的方向和密切程度的方法。利用 Excel 数据工具库中的相关分析，能找出变量之间所存在的相关系数。

相关分析类别中最常用的是直线相关，其中的相关系数是反映变量之间线性关系的强弱程度的指标，一般用 r 表示。当 $-1 \leqslant r < 0$ 时，则变量之间线性负相关；当 $0 < r \leqslant 1$ 时，则变量之间线性正相关；当 $r=0$ 时，则变量之间无线性关系。

2.2 跨境电子商务数据分析的模型

根据数据分析的流程，我们知道进行数据分析之前要明确数据分析的目的和思路。这就需要使用通过现有的固定思路进行分析的理论抽象模型——数据分析模型。它从宏观角度制定数据分析的前期规划，继而指导后期数据分析工作，主要包括从哪些方面开展数据分析、各方面包含什么内容或指标。熟练掌握这些数据分析模型有利于进行现状分析、原因分析和预测分析。常用的跨境电子商务数据分析模型有 5W2H 模型、逻辑树模型、SWOT 模型、PEST 模型、漏斗模型等。

2.2.1　5W2H 模型

5W2H 模型是第二次世界大战期间美国陆军兵器修理部首创的。它简单、方便，易于理解、使用，富有启发意义，广泛应用于企业管理和技术活动，对执行决策非常有帮助，也有助于减少考虑问题时的疏漏。

你想分析企业的客户画像，但逻辑思维很混乱，不知道如何分析，那就可以采用5W2H 模型来厘清思路。具体而言，5W2H 模型主要包括以下内容。

1. when：何时

例如，消费者一般什么时候购物？他们的最佳购物时间是上午、下午、晚上，还是凌晨？他们多久购物一次？每个月的哪一天购买量最多？这与当天发工资是否有关系？

2. where：何地

例如，消费者分布在哪里？各省情况如何？各市情况如何？

3. who：何人

例如，消费者是什么样的？年龄多大？是男还是女？消费水平如何？工作职务如何？有什么特点？例如，企业职员在 23：00 以后购物比较少，10：00 左右是他们购物的高峰期；学生的购物高峰期大部分是 23：00 以后，11：00 以前购物比较少。

4. what：何事

例如，企业为消费者提供了什么？是否满足了消费者的需求？

5. why：何因

造成这个结果的原因是什么？例如，产品在东北地区卖得好，在其他地区卖得差，那么就要分析造成这个结果的原因是什么。

6. how：如何做

例如，消费者是先将商品加入购物车，还是直接付款？他们是喜欢用花呗，还是喜欢用信用卡？他们喜欢购买打折的商品吗？要根据这些特点做有针对性的营销方案。

7. how much：何价

例如，消费者的消费水平如何？他们每个月能承受多少购物花费？他们喜欢购买什么价位的商品？购买的数量是多少？一个月会购买几次？

2.2.2　逻辑树模型

逻辑树模型将工作细分为一个个便于操作的具体任务，帮助企业解决问题，是企业进行商务数据分析最常用的方法之一。逻辑树又称为问题树、演绎树或分解树，它将问题的所有子问题分层罗列，从最高层开始逐步向下扩展，把一个已知问题作为树干，把相关问题作为树枝，每增加一个问题就在树干上加一个"树枝"，并标明这个"树枝"代表什么问题。

1. 逻辑树模型的基本原则

逻辑树模型能保证解决问题过程的完整性，将工作细化成便于操作的具体任务。在确定各部分的优先顺序时，应遵循三个基本原则，如表2-2所示。

表2-2 逻辑树模型的基本原则及要点说明

逻辑树模型的基本原则	要点说明
要素化	把相同问题总结归纳成要素
框架化	按照不重不漏的原则，将各个要素组成框架
关联化	框架内的各个要素要保持必要的相互联系，简单而不孤立

2. 三种逻辑树

逻辑树模型包括议题树、假设树和是否树三种类型，如图2-13所示。这三种逻辑树的应用场景有所区别。在问题的初始阶段，尚不明确具体情况，需要对问题进行全面分析时，使用议题树；对问题已经有一定了解，并且有了一种假设方案，需要对假设方案进行验证时，使用假设树；不仅对问题足够了解，而且针对一些结果已经有了标准方案，需要在方案中进行选择时，使用是否树。

图2-13 三种逻辑树

（1）议题树。议题树的主要形式是先提出一个问题，然后将这一问题细分为多个与其内在逻辑相联系的副议题。例如，主问题是"如何减少员工加班的现象"，那么根据议题树的逻辑就可以列出两个副议题，一是"减少员工的工作定额"，二是"提高员工的工作效率"，议题树结构如图2-14所示。议题树相邻层级具有逻辑上的内在直接联系，同一层级上的内容需要满足相互独立、完全穷尽的要求。议题树的特点是比较可靠，但是实施过程比较缓慢，通常用于解决问题的初期。

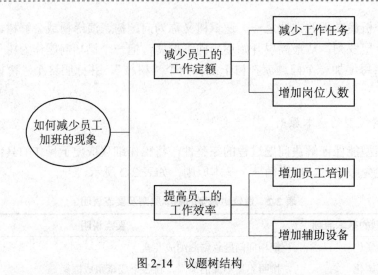

图 2-14 议题树结构

（2）假设树。假设树的主要形式是先假设一种解决方案，然后通过已有论据对该方案进行证明。对于某种假设方案，只有当所有论点都支持该方案时，该假设方案才可以得到验证，否则会被推翻。例如，以"减少员工加班现象对企业有利"为假设，那么就应以为什么"减少员工加班现象对企业有利"为切入点，列举大量的例子对假设进行阐述和说明，假设树结构如图 2-15 所示。每一个论点都可以继续分解，直至分解到可以被基本假设证实或证伪。假设树的特点是处理问题比议题树更快，解决问题的效率更高，通常用于对问题有足够了解的阶段。

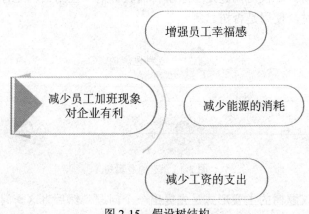

图 2-15 假设树结构

（3）是否树。是否树的结构与前两种逻辑树相比简单得多，其主要形式是先提出一个问题，然后对这个问题进行判断分析，分析的结果只有两种，非"是"即"否"。在分析前，对一些结果已有标准方案。如果答案为"是"，那么即可应用事先准备好的标准方案；如果答案为"否"，那么就要再进行下一轮的判断分析，根据结果确定解决方案。是否树的特点是简单明了，对问题的解决果断。是否树结构如图 2-16 所示。

第 2 章 跨境电子商务数据分析的方法、模型与指标

图 2-16 是否树结构

2.2.3 SWOT 模型

SWOT 模型是一种战略分析方法，它通过分析企业的优势、劣势、机会和威胁，结合内外部竞争环境和竞争条件下的态势分析，为企业制定战略提供参考。S（strength）代表优势，W（weakness）代表劣势，O（opportunity）代表机会，T（treat）代表威胁，其中，S、W 是内部因素，O、T 是外部因素。内部因素分析可以从企业的优劣势展开，外部因素分析可以从宏观环境、行业环境、竞争环境着手，如图 2-17 所示。

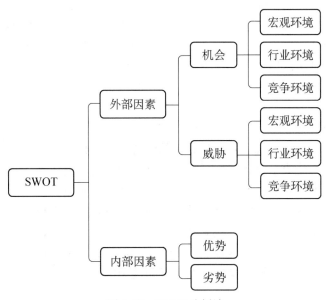

图 2-17 SWOT 分析法

1. 内部优势分析

（1）基础设施水平逐渐改善。"一带一路"倡议加深了我国与其他沿线国家合作共建的程度，为了实现"六廊六路多国多港"的合作框架，我国给合作国带去了资金和技术，加大基础设施的投资建设。截至 2019 年 6 月底，中欧班列可通达境外 16 个国家和 53 个城市，累计开行数量近 1.7 万列。在该倡议下，沿线国家不断改善的交通、网络通信等基础设施为跨境电子商务的发展提供了物流条件。

（2）国内网购的市场基础。① 近几年，各类跨境电子商务平台和服务商纷纷涌现，

形成了覆盖各类交易主体的，包括跨境电子商务交易平台和物流类、金融类、支付类跨境服务商的跨境电子商务产业链。②网购平台的购物节不断增加，优惠方式层出不穷，刺激着线上消费。近两年，"网红"直播带货模式的兴起既丰富了产品矩阵，又促使短视频平台进入了网购行业。③我国网购用户规模达7.10亿，渗透率高，消费者购买力强，网购交易额逐年增加。"一带一路"倡议的提出，能让更多国家加入跨境电子商务的供应链网络中。特别是2020年新冠肺炎感染促使跨境消费由线下向线上转移，国内的网购环境为跨境电子商务提供了市场基础。

2. 内部劣势分析

（1）跨境物流系统发展不足。跨境物流环节多，需要仓储、出入境检查、通关、运输、配送等环节的相互配合，但"一带一路"沿线大多数国家的物流基础设施相对较差，仓储资源匮乏，物流配送成本高、周期长，物流系统自动化程度不高。

（2）跨境电子商务专业人才缺乏。跨境电子商务行业需要熟知采购、通关、配送等物流环节和国际贸易相关知识，社会上现有的跨境电子商务从业人员主要来自外贸和传统电子商务行业，缺乏跨境电子商务的专业知识。

（3）产品质量无保障，售后难度大。跨境电子商务市场准入制度不完善，电子商务平台监管不到位，进货渠道不透明，黑心商家通过出售假冒伪劣产品来获取超额利润。跨境电子商务退换货环节多、周期长，物流成本高，消费者售后体验差。

3. 外部机会分析

（1）"一带一路"创造了良好的环境和商机。"一带一路"共商共建共享的理念得到了国际社会的认可和响应，加强了我国与各国的经济政治合作，通过交往，我国树立了良好的大国形象，这为跨境电子商务提供了交易基础。跨境电子商务是"一带一路"五通（即政策沟通、设施连通、贸易畅通、资金融通和民心相通）建设的重要落脚点，在国内电子商务市场增速放缓、竞争压力较大的背景下，国内中小企业纷纷开拓海外市场。

（2）国家政策支持。国务院、财政部、海关总署在2013—2017年先后发布了二十多项政策来保障跨境电子商务的持续发展，大到总体制度、环境建设、监管方式、入境商品清单、试验区；小到税收、检验检疫、通关等跨境中间环节。这些都为跨境电子商务的快速发展创造了有利条件。

4. 外部威胁分析

（1）贸易摩擦加剧。随着与"一带一路"沿线国家贸易的不断深入，各种贸易摩擦逐渐显现，目前我国主要面临着反倾销摩擦、技术壁垒、补贴与反补贴三类国际贸易摩擦。关税贸易规则的改变将导致企业动荡，增加跨境电子商务的运营成本，降低产品的市场占有率，甚至会造成资金链断裂，企业破产。

（2）汇率变动风险。在跨境电子商务交易时，由于各平台支付方式不一致，跨境交易周期长，使得多国币种交易存在支付结算环节和物流配送环节的汇率风险。

2.2.4 PEST 模型

PEST 模型一般用于宏观环境分析，通过分析四类外部环境——政治环境（political，P）、经济环境（economic，E）、社会环境（social，S）、技术环境（technological，T）来把握整体宏观环境，评估对企业业务的影响，为企业制定战略规划提供依据。在进行 PEST 分析时，应根据不同的行业和企业分析不同的内容。PEST 模型如图 2-18 所示。

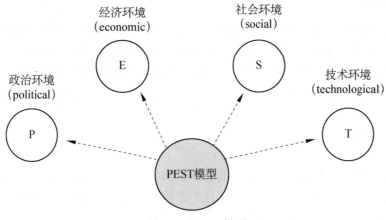

图 2-18　PEST 模型

1. 政治环境

政治环境包括国家的社会制度、执政党的性质、政府的政策与法令等。政治环境对行业和企业的影响巨大。政策颁布后，相关产业一般会受到非常大的影响，而且这种影响通常都是断崖式的。政策一旦有变化，企业的业务就要随之变化。国家政策支持的业务要大力开展，国家政策不允许涉足的业务要坚决抵制。因此，很多商业人士都会关注新闻联播，关注各种时事，有些受政策影响大的行业（如互联网医疗）还会有专门的人来研究国家领导人的讲话，研究政策对行业的影响，为高层领导做决策提供方向性指导。作为数据分析人员，除了实时关注相关信息，还可以向专门做宏观环境影响分析的同事了解情况，或者多与领导沟通了解政策、法令的变化情况。

2. 经济环境

经济环境分为宏观环境和微观环境两个方面。宏观环境主要是指国民收入、国民生产总值等关键因素的变化情况，通过分析宏观环境，可以了解国民经济发展水平和国民经济发展速度。微观环境一般是指目标群体的收入、消费、储蓄等情况。例如，如果同一行业的所有企业同时表现出营业收入下降的趋势，企业内部各个业务线、各个团队无论处于何种进度，营业收入都处于下滑状态，这很有可能是经济环境带来的经济下滑。这时可以看国内生产总值（gross domestic product，GDP）的走势，是不是和企业、行业的营业收入走势一致。平时也可以观察 GDP 和营业收入的走势是否相符。如果 GDP 一直上涨，而企业营业收入一直下滑，那就需要找出问题点，为决策提供依据。

3. 社会环境

社会环境包括一个国家或地区居民的文化水平、宗教信仰、风俗习惯、价值观念、审美观点等。文化水平会影响人们的需求层次；宗教信仰和风俗习惯会禁止或抵制某些活动的进行；价值观念会影响人们对组织目标、组织活动及组织本身的认可；审美观点则会影响人们对组织活动内容、活动方式及活动成果的态度。

4. 技术环境

技术环境是指新技术、新工艺在某些方面的应用。技术环境主要影响渠道和资源的智能整合。企业需要通过新技术的变革来评估成本，选取合适的技术来控制成本。以渠道为例，企业原来只能通过实体店销售物品，其发展受到地理位置和资源的限制，而现在网店的流行大大减少了实体店的房租、水电支出，使经营者可以把钱花在更需要的地方。

2.2.5 漏斗模型

漏斗模型适用于流程规范且环节多的业务。例如，消费者从访问店铺，到将商品加入购物车，到提交订单，再到收货后评价，这个流程比较规范，而且环节比较多，所以在分析消费者购物环节时，一般使用漏斗模型。通过漏斗模型可以很直观地看到每个环节的情况，如转化情况、流失情况等。该方法有助于实现以下目的。

1. 快速发现问题，及时调整

漏斗模型是业务流程最直观的一种表现形式，可以快速发现流程中存在的问题。例如，在漏斗模型中发现从下单到支付这个过程中的支付转化率比较低，很多消费者在这一环节流失，那就要想办法做好这一环节，了解为什么消费者下单了，最后却不支付。是否可以通过催付的方式提高支付转化率？是否可以通过给这些消费者派发定向优惠券的方式提高其支付转化率？

2. 把问题具体化、细化

很多时候，虽然知道有问题，却不知道问题具体出在哪个环节，特别是对于环节比较多的业务。例如，明明知道转化率比较低，很多消费者进入店铺之后都没有成交，没有带来价值，但就是不知道问题具体出在哪个环节，此时漏斗模型就可以发挥作用了，因为它能让你清楚、直观地看到每个环节的具体情况。例如，发现消费者进入店铺之后加购率特别低，下单率更低，问题可能出现在商品款式或详情页上，如商品的款式或详情页的内容没有吸引力。但如果前面的环节都特别好，最后一个环节出现了问题：大部分消费者都下单了，就是不支付，这可能就不是款式的问题了，而应该考虑是不是因为商品价格太高、竞争对手优势更大、卖点不突出、营销没有紧迫感，或者消费者不能使用信用卡和花呗支付。

3. 在营销推广中提高流量的价值和转化率

漏斗模型可以让使用者直观地看到问题出在哪个环节，从而通过优化业务流程提高访客购买率，进而提高访客价值，避免广告费的浪费。

2.3 跨境电子商务数据分析的指标

2.3.1 网站运营指标

在跨境电子商务网站的运营中，管理者需要及时了解网站的运营状况，因此针对网站的登录量、浏览量、交易量等各类数据进行分析，已经成了每个网站运营者和网络营销工程师每天必做的功课。统计和分析网站的运营指标，可以帮助管理者准确把握用户动向和网站的实际状况。根据跨境电子商务网站类型以及要了解的问题，可以有许多不同的指标来衡量网站的运营状况。通常，网站运营指标有流量指标、商品类目指标和供应链指标。

1. 流量指标

流量指标分为流量数量指标、流量质量指标和流量转化指标。

（1）流量数量指标。流量数量指标分为页面浏览量（page view，PV）、访问人数（unique visitor，UV）和访问次数（visits）。

页面浏览量是衡量网站流量最常用的指标之一，监测网站页面浏览量的变化趋势和分析其变化原因，是很多网站运营者定期要做的工作。

"page view"中的"page"一般是指普通的 HTML 页面，也包含 PHP、JSP 等动态的 HTML 内容。来自浏览器的一次 HTML 内容请求会被看作一个页面浏览量，逐渐累积成为页面浏览量总数。UV 是指不同的，通过互联网访问、浏览这个网页的自然人数。visits 表示用户访问的次数。例如，某个网站在 1 个月内一共有 3 个 UV、90 个 visits、180 个 PV，它们表示的含义是，在一个月内，该网站有 3 个用户，他们共访问网站 90 次，在这 90 次访问中，他们共访问了 180 个页面。通常，大部分的网站是这样的，在一个月内大部分用户都只来一次，所以，经常看到的情况是 UV 和 visits 非常接近，但这两者是完全不同的概念。

（2）流量质量指标。流量质量指标分为跳出率（bounce rate）、页面/网站停留时间和 PV 与 UV 比，如表 2-3 所示。

表 2-3 流量质量指标的类型及要点说明

流量质量指标的类型	要点说明
跳出率	跳出率是网站分析中的一个指标，是指浏览单个页面的访问量占总访问量的比例。这里的跳出（bounce）是指成功进入网站后，不单击页面中的任何链接，就关闭它。这个指标是所有内容型指标中最重要的。通常认为首页是跳出率最高的进入页面（当然，如果网站有其他跳出率更高的进入页面，那么也应该把它加入追踪的目标，如推广广告等）

续表

流量质量指标的类型	要点说明
页面/网站停留时间	页面/网站停留时间，顾名思义，可以理解为一个用户在一个页面或者网站上花费的时间（time spent on page/website）
PV 与 UV 比	PV 与 UV 比表示平均每个用户浏览页面的数量，反映了平均每个用户给网站带来的 PV 数 除此之外，浏览页面比（scanning page ratio）、浏览用户比（scanning visitor ratio）和浏览用户指数（scanning visitor index）等指标都可用来描述用户给网站带来的流量质量

① 浏览页面比的计算公式为

浏览页面比=少于 1 分钟的浏览页数÷所有浏览页数

该指标表示在 1 分钟内完成的访问页面数的比例。

该指标的用法：网站的目标不同，对指标的高低就有不同的要求，大部分的网站希望浏览页面比降低；如果是靠广告驱动的网站，浏览页面比太高对于长期目标的达成是不利的，因为这意味着尽管通过广告吸引了许多访问者，产生了很高的 PV，但是访问者的质量不高，所能带来的收益也就会受到影响。

② 浏览用户比的计算公式为

浏览用户比=少于 1 分钟的访问者数÷总访问人数

这个指标在一定程度上衡量了网页的吸引程度。

该指标的用法：大部分的网站都希望访问者停留超过 1 分钟，如果浏览用户比的值太高，那么就应该考虑一下网页的内容是否过于简单，网站的导航菜单是否需要改进；浏览用户比与浏览页面比的区别在于对象不同，浏览用户比的描述对象是用户，而浏览页面比的描述对象是页面。

③ 浏览用户指数的计算公式为

浏览用户指数=少于 1 分钟的访问页面数÷少于 1 分钟的访问者数

浏览用户指数表示 1 分钟内访问者的平均访问页数。

该指标的用法：浏览用户指数越接近 1，说明访问者对网站越没兴趣，他们仅仅是瞄一眼就离开了。这也许是导航系统的问题，如果对导航系统进行显著的改进，应该就可以看到浏览用户指数上升；如果改进后的浏览用户指数还是下降，应该是网站的目标市场及使用功能有问题，应该着手解决；将浏览用户比和浏览用户指数结合起来使用，可以看出用户打开网页是在浏览有用的信息，还是因厌烦而离开。

（3）流量转化指标。流量转化指标分为转化次数和转化率两种指标。

转化次数（conversions）也叫作转化页面到达次数，是指独立访客到达转化目标页面的次数。

转化率（conversion rate）是指在一个统计周期内，完成转化行为的次数占推广信息总单击次数的百分比。其计算公式为

转化率=(转化次数÷点击量)×100%

转化次数和转化率是紧密相连的两个概念。例如，10 名用户看到某个搜索推广的结

果，其中5名用户单击了某一推广结果并被跳转到目标页面上，之后，其中5名用户有了后续转化的行为。那么，这条推广结果的转化率就是(5÷5)×100%=100%。

转化率指标的用法：在不同的地方测试新闻订阅、下载链接或注册会员，可以使用链接名称、订阅、广告放置、付费搜索链接、付费广告等不同方式，看看哪种方式能够使转化率上升？如何增强来访者和网站内容的相关性？如果转化率上升，说明相关性增强了；反之，则是减弱了。

2. 商品类目指标

商品类目指标主要用来衡量网站商品的运营水平，这一类目指标与销售指标以及供应链指标关联紧密。商品类目指标包括商品类目结构占比、商品类目销售额占比、类目销售库存量单位集中度以及相应的库存周转率等，不同的产品类目占比又可细分为商品大类目占比情况，以及商品在大小、颜色、型号等各个类别上的占比情况。

商品类目结构占比是指各个类目商品数量占整体商品数量的比例，体现了商品销售的结构以及商品数量的丰富度和多样性。

商品类目销售额占比是指各个类目商品销售额占整体商品销售额的比例。

类目销售库存量单位（stock keeping unit，SKU）集中度则表示不同类型、型号和规格的产品集中程度。

库存周转率（inventory turn over，ITO）通常用于衡量一种材料在工厂里或是在整条价值链中的流动速度。

最常见的计算库存周转率的方法就是用年度销售产品成本（不计销售的开支以及管理成本）除以年度平均库存价值。因此，库存周转率=年度销售产品成本÷年度平均库存价值，该公式对于跨境电子商务企业仍然适用。

3. 供应链指标

这里的供应链主要包括电子商务网站商品库存以及商品发送等方面，而商品的生产以及原材料库存运输等不在考虑范畴。这里主要考虑从顾客下单到顾客收货的时长、仓储成本、仓储生产时长、配送时长、每单配送成本等。供应链指标包含很多内容，如仓储过程中的分仓库压单占比、系统报缺率（与前面的商品类目指标有极大的关联）、实物报缺率、限时上架完成率等，物品发送过程中的分时段下单出库率、未送达占比以及相关退货比等。

2.3.2 经营环境指标

经营环境指标分为外部竞争环境指标和内部购物环境指标。

1. 外部竞争环境指标

外部竞争环境指标包括市场占有率、市场增长率、网站排名和访问比重等，如图2-19所示。

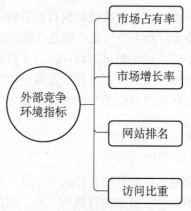

图 2-19　外部竞争环境指标

（1）市场占有率。市场占有率也叫作市场份额（market shares），是指一个企业的销售量（或销售额）在市场同类产品中所占的比重，直接反映消费者对企业所提供的产品和服务的满足程度，表明企业的产品在市场上所处的地位。

市场份额是企业的产品在市场上所占的份额，也就是企业对市场的控制能力。企业所占市场份额越大，表明企业的经营、竞争能力越强。

（2）市场增长率。企业市场份额的不断增加，可以使企业获得某种形式的垄断，这种垄断既能给企业带来垄断利润，又能让企业保持一定的竞争优势。这种增加的趋势可以用市场增长率来表示。市场增长率是指产品或劳务的市场销售量或销售额在一定时期内的增长率。其计算公式为

市场增长率=［比较期市场销售量（额）-前期市场销售量（额）］÷
前期市场销售量（额）×100%

（3）网站排名。网站排名一般可分为以下几大类，如 Alexa 网站排名、中国网站排名、百度网站排名、NNT 网站排名等。对于任何一家网站来说，要想在网站推广中取得成功，搜索引擎优化都是最关键的一项任务。同时，随着搜索引擎不断变换它们的排名算法规则，一些本来排名很好的网站可能在一夜之间排名靠后，而排名靠后的网站可能会失去本来可观的固有访问量。所以搜索引擎算法规则的每一次改变都会在各网站中引起骚动。可以说，搜索引擎优化是一个越来越复杂的任务。除了这些排名，对于跨境电子商务网站来说，还有在一定时期内，网站交易额在同类购物网站中的排名和独立访客数在同类购物网站中的排名。

（4）访问比重。访问比重是对一个站点下属栏目或子站点访问量进行的统计，较常用的是独立访问人数占同类同期所有网站合计人数的比重。也可以统计一定时期内其他流量指标的比重，如页面浏览量（PV）、访问人数（UV）和访问次数等流量指标在同类网站中的比重。

2. 内部购物环境指标

内部购物环境指标包括运营指标和功能指标，用以反映网站的运营状况以及实现的功能。运营指标同样包括了页面浏览量（PV）、访问人数（UV）和访问次数等流量指标，

也包括了从访问到加入购物车的转化率、从访问到下单的转化率、从下单到支付的转化率和订单数量以及金额等。功能指标包括了支付方式、配送方式、商品数目和最短流程等方面的指标。

2.3.3 销售业绩指标

销售业绩指标直接与公司的财务收入挂钩，因此这一指标在所有数据分析指标体系中起提纲挈领的作用，其他数据指标的细化落地都可以以该指标为依据。销售业绩指标可以分解为网站销售业绩指标和订单销售业绩指标，其实两者并没有太大的区别，网站销售业绩指标侧重于网站订单的转化率方面，而订单销售业绩指标则侧重于具体的毛利率、订单有效率、重复购买率、退换货率等方面。当然，还有很多其他的指标，如总销售额、品牌类目销售额、总订单量、有效订单量等。

1. 网站销售业绩指标

网站销售业绩指标包括下单次数、加入购物车次数、在线支付次数、从访问到加入购物车的转化率、从下单到在线支付的转化率。

下单次数是指在一个统计周期内，购物网站上客户提交订单的次数。

加入购物车次数是指在一个统计周期内，客户将商品加入购物车的次数和立即购买的次数。

在线支付次数是指在一个统计周期内，客户完成购物流程，成功在线支付的次数。

从访问到加入购物车的转化率指的是在一个统计周期内，客户将商品加入购物车的次数与客户访问该网站的次数之比。

从下单到在线支付的转化率是指在一个统计周期内，客户在购物网站上在线支付的次数与下单的次数之比。

2. 订单销售业绩指标

订单销售业绩指标包括毛利率、订单有效率、重复购买率、退换货率、总销售额、品牌类目销售额、总订单量、有效订单量等。除此之外，与订单销售业绩指标密切相关的指标还有平均订货额（average order amount，AOA）、订单转化率（conversion rate，CR）、单个访问者销售额（sales per visit，SPV）、单笔订单成本（cost per order，CPO）、再订货率（repeat order rate，ROR）、单个访问者成本（cost per visit，CPV）、订单获取差额、订单获取率、每笔订单产出（contribution per order，CON）等。

（1）平均订货额。平均订货额用来衡量网站销售状况的好坏。其计算公式为

$$平均订货额=总销售额÷总订货数$$

该指标的用法：将网站的访问者转化为买家是很重要的，同样重要的是激励买家在每次访问时购买更多的产品；跟踪平均订货额可以找到改进方法。

（2）订单转化率。订单转化率的计算公式为

$$订单转化率=总订货数÷总访问量$$

该指标是一个比较重要的指标,用于衡量网站对每个访问者的销售情况。

该指标的用法:通过这个指标可以看到,即使一些微小的变化都可能对网站的收入造成巨大的影响。如果还想区分新旧访问者所产生的订单,那么就可以细化该指标,对新旧客户分别进行统计。

(3)单个访问者销售额。单个访问者销售额的计算公式为

$$单个访问者销售额=总销售额÷总访问数$$

这个指标也是用来衡量网站的销售情况的。

该指标的用法:单个访问者销售额的用法和订单转化率差不多,只是表现形式不同。

(4)单笔订单成本。单笔订单成本用来衡量平均订货成本。其计算公式为

$$单笔订单成本=总的市场营销成本÷总订货数$$

该指标的用法:每笔订单的营销成本对于网站的盈利和现金流来说都是非常关键的;不同的网站有不同的营销成本计算标准,有些把全年的网站运营费用分摊给每个月,有些则不这么做,关键要看哪种计算方式最适合自己的情况;如果能够在不增加市场营销成本的情况下提高转化率,单笔订单成本就会下降。

(5)再订货率。再订货率的计算公式为

$$再订货率=现有客户订单数÷总订单数$$

该指标用来衡量网站对客户的吸引力。

该指标的用法:再订货率的高低和客户服务质量有很大的关系,网站只有提供让用户满意的产品和服务,才能提高这个指标。

(6)单个访问者成本。单个访问者成本的计算公式为

$$单个访问者成本=总的市场营销费用÷总访问数$$

该指标用来衡量网站的流量成本。

该指标的用法:单个访问者成本衡量的是市场效率,网站的运营目标是降低单个访问者成本而提高SPV,为此要削减无效的市场营销费用,增加有效的市场投入。

(7)订单获取差额。订单获取差额的计算公式为

$$订单获取差额=单个访问者成本(CPV)÷单笔订单成本(CPO)$$

这是一个衡量市场效率的指标,代表着网站所带来的访问者和转化的访问者之间的差异。

该指标的用法:订单获取差额的值应是一个负值,这是一个测量从非访问者中获得客户的成本的指标。有两种方法来降低订单获取差额。提升网站的营销能力,CPO 就会下降,订单获取差额就会缩小,说明网站转化现有流量的能力得到了提升;同样,CPV 升高而 CPO 保持不变或降低,订单获取差额也会缩小,表明网站所吸引的流量都具有较高的转化率,这种情形通常发生在启用了点击付费广告(pay per click,PPC)计划的情况下。

(8)订单获取率。订单获取率的计算公式为

$$订单获取率=单笔订单成本(CPO)÷单个访问者成本(CPV)$$

该指标是用另一种形式来体现市场效率的。

该指标的用法:管理人员理解(尤其是财务人员)用这个指标来监督有效订单获

取量。

（9）每笔订单产出。每笔订单产出的计算公式为

每笔订单产出=(平均订货数×平均边际收益)–每笔订单成本

该指标表示的是每笔订单带来的现金增加净值。

该指标的用法：公司的财务总监总用这个指标衡量运营利润。

2.3.4 营销活动指标

衡量一场营销活动做得是否成功，通常会从活动效果（收益和影响力）、活动成本以及活动黏合度（通常以用户关注度、活动用户数以及客单价等来衡量）等方面考虑。营销活动指标分为市场运营活动指标、广告投放指标以及对外合作指标。

市场运营活动指标和广告投放指标主要考虑新增访客数、订单数量、下单转化率、单次访问成本以及投资回报率（ROI）等指标。

新增访客数、订单数量这两个概念较容易理解，下单转化率是指支付次数与下单次数的比值，也就是转化为最终成交的订单数之比。

科学的网上广告收费办法是按照有多少人看到该广告来收费。按访问人次收费已经成为网络广告的惯用收费方法。

单次访问成本是指听到或者看到某广告的每人平均分担的广告成本。

投资回报率的计算公式为

投资回报率=每笔订单产出（CON）÷单笔订单成本（CPO）

该指标是用来衡量广告的投资回报的。

该指标的用法：用于比较广告的投资回报率，虽然应该把钱分配给有最高投资回报率的广告，但是这个投资回报率应当有时间段的限制，如"25%ROI/每周"和"25%ROI/每年"是有很大差别的。

这些指标主要反映了营销活动对跨境电子商务网站所带来的积极效果，但是这些指标往往是短效的，不一定能够全面评估营销活动的所有效果。

对外合作指标则根据具体合作对象而定，合作的对象可以是其他网站、媒体和机构。如某电子商务网站与返利网站合作，首先考虑的是合作回报率，可以把合作回报率当作评价合作质量的一个重要指标。

2.3.5 客户价值指标

一个客户的价值通常由三个部分组成：历史价值（过去的消费）、潜在价值（主要从客户行为方面考虑，以 RFM 模型为主要衡量依据）、附加值（主要从客户忠诚度、口碑推广等方面考虑）。这里的客户价值指标分为总体客户价值指标、新客户价值指标和老客户价值指标，这些指标主要从客户的贡献和获取成本两个方面来衡量，如用访问人数、访客获取成本以及从访问到下单的转化率来衡量总体客户价值指标，而对老客户价值进行衡量时，除考虑上述因素外，更多的是以 RFM 模型为衡量依据。

1. 总体客户价值指标

总体客户价值指标包括访问人数、访客获取成本和从访问到下单的转化率等重要指标。

访问人数就是在一个统计周期内，购物网站的独立访问用户数，也就是前面提到的 UV。

访客获取成本是指获得一个新访客所需的营销、宣传成本之和。

从访问到下单的转化率就是在一个统计周期内，提交订单的访问数与总访问数之比。

2. 新客户价值指标

新客户价值指标是反映网站客户数量变化的一个重要指标。新客户价值指标包括新客户数量、新客户获取成本和客单价。

新客户数量是指在一个统计周期内，独立访问网站并进行一次购物的客户数。

新客户获取成本是指企业为吸引客户而花费的各类成本，包括在宣传、促销、经营、计划、服务以及营销等活动上产生的费用。

客单价（per customer transaction）是指网站（超市）每一个新客户平均每笔订单的交易金额。

3. 老客户价值指标

老客户价值指标包括老客户数量和 RFM 模型。

1）老客户数量

老客户数量是指在一个统计周期内，完成两次或者两次以上购物的总客户数。新客户回访网站会变成老客户，提高老客户的活跃度对于跨境电子商务网站同样重要，老客户的行为会对企业的业绩产生非常重要的影响。

这里涉及回访者比（repeat visitor share）这个概念，其计算公式为

$$回访者比=回访者数÷独立访问者数$$

回访者比用于衡量网站内容对访问者的吸引程度和网站的实用性，以及判断网站是否有令人感兴趣的内容可使访问者再次回访该网站。

回访者比指标的用法：基于访问时长的设定和产生报告的时间段，这个指标可能会有很大的不同；绝大多数网站都希望访问者回访，因此都希望回访者比不断变大，如果回访者比变小，说明网站内容或产品的质量没有提高；需要注意的是，一旦选定了一个时长和时间段，就要使用相同的参数来生成报告，否则就会失去比较的意义。

2）RFM 模型

（1）RFM 模型概述。在众多客户关系管理（customer relationship management，CRM）的分析模型中，RFM 模型是被广泛提到的。RFM 模型是衡量客户价值和客户创利能力的重要工具。该模型通过一个客户的最近一次浪费时间、消费频率以及消费金额三项指标描述该客户的价值状况。

在 RFM 模型中，R（recency）表示客户的最近一次消费时间，F（frequency）表示客户在最近一段时间内的消费次数，M（monetary）表示客户在最近一段时间内的消费金

额。一般情况下，CRM 模型着重于对客户贡献度的分析，RFM 模型则强调以客户的行为区分客户。

RFM 模型较为动态地展示了一个客户的全部轮廓，这为与客户进行个性化的沟通和为客户提供个性化的服务提供了依据，同时，如果与该客户打交道的时间足够长，也能够较为精确地判断该客户的长期价值，甚至是终身价值。改善上述三项指标的状况，能为更多的营销决策提供支持。

RFM 模型非常适用于生产多种商品的企业，而且其商品的单价相对不高，如消费品、化妆品、小家电等；RFM 模型也适用于只生产少数耐用商品的企业，但是该企业的商品中有一部分属于消耗品，如复印机、打印机、汽车维修材料等消耗品；RFM 模型还适用于加油站、旅行保险社、运输企业、快餐店、KTV、证券公司等。

RFM 模型可以用来提高客户的交易次数。业界常用的方式为 DM（直接邮寄），常常一次寄发成千上万封邮购清单，但这是很浪费钱的。据统计，以一般邮购日用品而言，如果用 R 把客户分为五级，最好的第五级客户的回函率是第四级客户的 3 倍，因为这些客户刚完成交易不久，所以会更注意同一公司的商品信息。如果用 M 把客户分为五级，最好客户与次好客户的平均回复率几乎没有显著差异。

有些人会用客户绝对贡献金额来判断客户是否流失，但是绝对金额有时会曲解客户的行为。因为每个商品的价格可能不同，不同商品在促销时又有不同的折扣，所以采用相对的分级（如分别用 R、F、M 把客户分为五级）来比较客户在级别区间的变动，则更可以显现相对行为。企业用 R、F 的变化可以推测客户消费的异动状况，根据客户流失的可能性列出客户清单，再从 M（消费金额）的角度来分析，就可以把重点放在贡献度高，且流失概率也高的客户上，再对这类客户进行重点拜访或联系，以最有效的方式挽回更多的商机。

RFM 模型也不可以过度使用，否则高交易额的客户会不断收到信函。每一个企业都应该设计一个客户接触频率规则，如购买 3 天或 1 周内应该发出一个感谢的电话或 E-mail，并主动关心客户是否有使用方面的问题，1 个月后发出使用是否满意的询问，而 3 个月后则提供交叉购买的建议，并开始注意客户的流失，不断创造接触客户的机会。这样一来，客户再购买的机会也会大幅增加。

企业在推行 CRM 模型时，就要根据 RFM 模型的原理，了解客户的差异，并以此为主轴进行企业流程重建，以提高业绩与利润。否则，企业将无法在 21 世纪的市场中立足。

（2）RFM 模型的主要指标。

① 最近一次消费时间（recency）。最近一次消费时间是指客户上一次购物的时间。从理论上讲，上一次消费时间越近的客户越是有价值的客户，也越有可能对企业提供的即时商品或服务产生反应。

营销人员若想业绩有所增加，只靠"偷取"竞争对手的市场占有率是不行的，营销人员要密切关注客户的购买行为，特别是客户的最近一次消费。

历史数据显示，如果能让客户购买某种商品或服务，他们就会持续购买。这也是为什么在最近 0~6 个月有过消费的客户收到的营销人员的沟通信息多于在过去 31~36 个月有过消费的客户。最近一次消费时间是维系客户的一个重要指标。最近购买你的商品、服务或是访问你的网站的客户，是最有可能再次购买的客户。再则，要吸引一个几个月前才购买过的客户，比吸引一个一年多以前购买过的客户容易得多。营销人员如果能掌握这种强有力的营销哲学，与客户建立长期的关系，而不仅仅是卖东西，则会与客户持续保持往来，并提高他们的忠诚度。

最近一次消费时间的作用不仅在于提供促销信息，还可以用来监督事业的健全度。优秀的营销人员会定期查看最近一次消费报告，以掌握趋势。月报告如果显示上一次消费时间很近（最近一次消费为1个月）的客户人数增加，则表示该公司是个稳健成长的公司；反之，如果上一次消费时间很近的客户人数减少，则表示该公司正在迈向不健全之路。

② 消费频率（frequency）。消费频率是客户在限定的期间所购买的次数。可以说，最常购买的客户，也是满意度最高的客户。如果相信品牌及商店，最常购买的客户的忠诚度也最高。增加客户购买的次数意味着从竞争对手处夺取市场占有率，从别人的手中赚取营业额。

根据这个指标，营销人员可以把客户分成五个等级，这五个等级相当于一个"忠诚度的阶梯"（loyalty ladder），营销人员要让客户一直顺着阶梯往上爬，把销售想象成要将两次购买的客户往上推成三次购买的客户，把一次购买的客户变成两次购买的客户。

③ 消费金额（monetary）。消费金额是所有数据库报告的支柱，同时也验证了"帕累托法则"（Pareto's law）——公司80%的收入来自20%的客户。消费金额显示，排名前10%的客户所花费的金额比下一个等级的客户所花费的金额多出至少2倍，占公司所有营业额的40%以上。

（3）RFM模型的其他指标。RFM模型除上述几个指标之外，还包括积极访问者比、忠实访问者比、忠实访问者指数、忠实访问者量、访问者参与指数等指标，它们的具体计算公式和含义如下。

① 积极访问者比（heavy user share）。其计算公式为

积极访问者比=访问超过N页的用户÷总访问数

该指标的意义：衡量有多少访问者是对网站的内容高度感兴趣的。

该指标的用法：根据网站的内容和大小，去衡量N的大小，如内容类的网站通常定义为11~15页，如果是跨境电子商务类网站则可定义为7~10页；如果网站面向正确的目标受众，并且网站使用方便，这个指标的值应该是不断上升的。

② 忠实访问者比（committed visitor share）。其计算公式为

忠实访问者比=访问时间在N分钟以上的用户数÷总用户数

该指标的意义：和积极访问者比指标的意义相同，只是使用停留的时间取代访问页数；具体使用哪个指标取决于网站的目标，可以使用两个指标中的一个或结合使用。

该指标的用法：其中的N也是根据网站的类型和大小来定义的，如大型网站通常定义为20分钟左右；如果单独使用忠实访问者比指标，很难体现它的效用，应该结合其他网站运营指标一起使用，如转化率；但总体来说，较长的访问时间意味着用户喜欢待在该网站内，高忠实访问者比当然是较好的；同样，访问时间也可以根据不同的需要由网站自行设定。

③ 忠实访问者指数（committed visitor index）。其计算公式为

忠实访问者指数=大于 N 分钟的访问页数÷大于 N 分钟的访问者数

该指标的意义：指的是每个长时间访问者的平均访问页数，这是一个重要的指标，它考虑了访问页数和访问时间。

该指标的用法：忠实访问者指数通过访问页数和访问时间对网站进行了一个更细的区分，如果忠实访问者指数较低，那意味着网站有较长的访问时间，但是访问页数较少；通常营销人员都希望看到较高的忠实访问者指数，如果修改了网站，增加了网站的功能和资料，吸引了更多的忠实访问者留在网站内并浏览内容，忠实访问者指数的值就会增加。

④ 忠实访问者量（committed visitor volume）。其计算公式为

忠实访问者量=大于 N 分钟的访问页数÷总访问页数

该指标的意义：长时间的访问者所访问的页数占所有访问页数的值。

该指标的用法：网站通常都是靠宣传和推广来吸引用户的，忠实访问者量的意义就显得尤为重要了，因为它代表了总体的页面访问质量；如果有 10 000 个访问页数，却仅有 1%的忠实访问者量，这意味着网站可能吸引了错误的访问者，这些访问者没有价值，他们仅仅看一眼网页就离开了，这时网站应该考虑推广方式和宣传方式是不是有什么问题。

⑤ 访问者参与指数（visitor engagement index）。其计算公式为

访问者参与指数=总访问数÷独立访问者数

该指标的意义：这个指标是每个访问者的平均会话数，代表着部分访问者的多次访问趋势。

该指标的用法：与回访者比不同，访问者参与指数代表着回访者的强烈度，如果有一个非常正确的目标受众不断回访网站，访问者参与指数将大于 1；如果没有回访者，访问者参与指数将趋近于 1，意味着每一个访问者都有一个新的会话；访问者参与指数的大小取决于网站的目标，大部分内容性和商业性的网站都希望每个访问者在每周/每月有多个会话；但是如果是提供客户服务，尤其是投诉之类的网页或网站，则希望访问者参与指数尽可能趋近于 1。

复习思考题

一、填空题

1. 一个时间序列通常由四个要素组成：趋势、季节变动、_____和不规则波动。
2. 逻辑树模型包括议题树、_____和是否树三种类型。
3. 网站运营指标有流量指标、商品类目指标和_____。
4. 流量质量指标分为_____、页面/网站停留时间和 PV 与 UV 比。
5. 网站销售业绩指标包括下单次数、加入购物车次数、_____、从访问到加入购物车的转化率、从下单到在线支付的转化率。

二、判断题

1. 趋势是时间序列在一段较长的时期内呈现的持续向上或持续向下的变动状况。（   ）
2. 对比分析法是指对分析研究总体内的各部分与总体进行对比的分析方法。（   ）
3. 漏斗模型可以让使用者直观地看到问题出在哪个环节，从而通过优化业务流程提高访客购买率，进而提高访客价值，避免广告费的浪费。（   ）
4. 流量质量指标分为跳出率（bounce rate）、页面/网站停留时间和 PV 与 UV 比。（   ）
5. 总体客户价值指标是反映网站客户数量变化的一个重要指标。（   ）

三、简答题

1. 简述跨境电子商务数据分析方法。
2. 简述对比分析法常用的对比维度。
3. 简述组距式分组的步骤。
4. 简述平均分析法的作用。
5. 简述跨境电子商务数据分析的模型。

第 3 章 跨境电子商务数据采集、清洗与处理

学习目标

- 了解跨境电子商务数据采集的概念
- 掌握跨境电子商务数据采集的方法与流程
- 理解跨境电子商务数据清洗的概念与原理
- 掌握跨境电子商务数据处理的工具及具体操作流程

技能目标

- 能够将跨境电子商务数据采集的工具应用到实际中
- 学会清洗、处理残缺、错误和重复数据

3.1 跨境电子商务数据采集

根据不同的业务需求和目标采集有价值的数据,是跨境电子商务数据分析人员必备的基本技能,也是数据分析的基础。

3.1.1 跨境电子商务数据采集的概念

跨境电子商务数据采集是指由预先设计的采集平台与系统程序自动采集跨境电子商务平台上的数据。跨境电子商务数据伴随消费者和企业的行为实时产生,广泛分布于跨境电子商务平台、社交媒体、智能终端、企业内部系统和其他第三方服务平台,其类型多种多样,既包括消费者的交易信息与基本信息、企业的产品信息与交易信息,也包括消费者的评论信息、行为信息、社交信息和地理位置信息等。在大数据环境下,跨境电子商务平台中的数据是公开、共享的,但数据间的传输和各种分析都需要有一个采集整理的过程。

3.1.2 跨境电子商务数据采集的方法与流程

跨境电子商务数据产生于不同的场景与领域,数据的来源渠道具有多元化和差异化的特

征，因此，不同数据渠道的采集有不同的方法与技巧。数据采集的具体工作实施者必须厘清数据采集的方法，掌握数据采集的流程，才能较好地完成数据采集与处理的前期准备工作。

1. 跨境电子商务数据采集的方法

数据采集方法普遍通过线上与线下相结合的方式完成，下面介绍的数据采集方法不局限于线下或线上使用，而是混合交织于线上与线下的同步使用。

（1）程序式数据采集方法——网络爬虫。广泛应用于互联网搜索引擎的网络爬虫，是一种基于一定规则的自动获取万维网信息的程序或脚本。网络爬虫可以自动采集其能访问到的页面内容，并通过获取或更新的方式整理网站的内容。网络爬虫一般有数据采集、数据处理和数据存储三个功能。

（2）日志式数据采集方法——业务数据库与网站日志。无论是线上的互联网产品交易，还是线下的商品直接交易，所有交易业务活动都将通过业务数据库存储相关数据信息。此类数据信息包括商品销售量、订单量、购买用户数等指标数据。由于业务数据库面向的是实时发生的商业交易行为数据，所以数据具备实时性与准确性，是现代互联网客观评价网站质量的有力客观依据。

网站日志则更多地对用户数据及其相应行为进行记录与分析。因此，数据采集可以通过获取网站日志的方式直接查询用户使用行为，其包括用户访问页面的次数、访问页面的有效停留时间等数据。另外，网站日志除了支持数据的采集行为，还可以用于日志文件恢复，使由用户的一些误操作导致的数据缺损或破坏行为得以纠正。

（3）问答式数据采集方法——用户访谈与问卷调查。用户访谈是数据收集最直接的方法之一。在访谈之前，设计好访谈的提纲，选择好适当的访谈对象，记录好访谈的内容，并对访谈的数据结果进行分析。在访谈过程中，用户对问题的回答数据较容易集中于某些高频的关键词类别。此时可以针对高频出现的关键词进行整理归类，以获得对访谈数据的分析结果。

问卷调查是用户访谈的普遍使用方式。通过问卷调查可以对目标用户进行画像，了解目标用户的特征类别。在初步结合问卷调查用户样本的数量之后，可以通过设计问卷内容、投放问卷、收集问卷、分析问卷结果的步骤，达到刻画目标用户特征的目的。

（4）服务式数据采集方法——第三方数据统计服务。第三方数据统计服务主要是指线上非被访问网站拥有方、非被访问网站流量引入方的信息服务提供商，通过第三方数据统计工具记录并分析网站等对象被访问数据，然后按客户需求提供此类数据的服务。由于数据的获取和分析是网站被访问者与访问者之外的第三方提供的，所以一般而言，其收集统计的数据相对客观，是主流数据采集的途径之一。但由于第三方的客观身份，数据的采集与分析并不可能达到100%的技术性准确分析和数据解读，存在第三方数据统计工具对数据误读和漏读的可能性。

第三方数据统计工作一般有以下四个步骤。

① 埋入代码，即在网站页面中埋入统计工具的跟踪代码，使页面可以按照需求记录，如访问者时间、IP地址、停留时间等数据。

②加载代码,即访问者点击相应广告后,已埋入跟踪代码的页面被打开,跟踪代码被加载,访问者的访问情况被记录。

③结合 Cookie 分析,即结合浏览器 Cookie 信息,第三方数据统计工具对记录下的访问信息进行流量分析和处理。

④数据展示与服务提供,即第三方数据统计服务方将经过分析处理的访问量、流量信息,按照不同维度展示给用户。

常见的第三方数据统计服务平台方有 Google Analytics、StatCounter、SimilarWeb、51.la、Clicky、Matomo、友盟+、百度统计。这些数据统计服务平台可以用来统计和分析实时访问、访客信息、流量分析等,实时了解与监控管理目标网站的整个运行状态、数据服务提供是否符合预期设计,并且还可以通过数据分析统计,总结调整相应的商品推广策略,提高服务能力和水平。

2. 跨境电子商务数据采集的流程

在对收集的数据进行处理分析之前,需要遵循以下流程来完成数据的采集整理,即分析数据需求、刻画客户特征、采集数据信息,如图 3-1 所示。

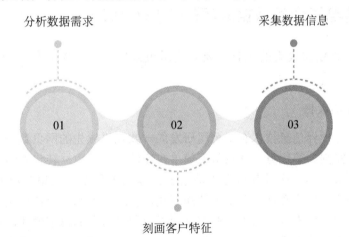

图 3-1 跨境电子商务数据采集的流程

(1)分析数据需求。现实世界中存在海量的数据,不同的商务活动对数据分析的使用目的并不相同,即数据分析的原生驱动力不同。因此,采集商务数据的第一步,应该明确对拟获取数据如何协助管理者进行商务活动分析与决策。在数据需求分析的指导下,从商务活动产生的海量、异构和多维度的数据中,开展并实施有针对性、有目的性的数据采集活动。

例如,如果商务活动的主体是线上交易平台入驻商家,那么其核心的数据分析需求就是在线访客数量、注册用户数、商铺关注度、商品浏览热度、商品订购与售后服务数据;如果商务活动的主体是媒体公众号,那么核心的数据分析需求就是公众号粉丝数、文章阅读数和浏览量、热点推文转发数、点赞数与评论数等。

虽然数据的使用需求在各行各业中并不相同,但其核心的需求指标是一致的,即从现有的数据中挖掘出可以协助商务活动主体分析问题、研究对策、做好分类、指导交易行为的有用信息。有效的数据需求分析可以避免商务活动主体陷入分析无关冗余数据、低效获取商务交易反馈、错误制定交易活动策略的困局，从而支持商务活动主体高效准确地采集商务数据，并进行深度的数据分析与信息挖掘。

（2）刻画客户特征。商务活动的主体构成是"商家"与"客户"，无论何种行业，商务数据分析的素材来源与分析结果使用对象都离不开"客户"。因此，对目标客户的特征刻画是数据采集的重要前期准备工作之一。对客户特征的分析与分类是对前一步数据需求分析的进一步划分，即在客户特征的分析框架下对数据需求的子集进行更细致的分类，做好"客户特征"与"数据需求"的对应关系记录。

（3）采集数据信息。在明确了数据需求分析内容与客户特征刻画分析之后，就可以开展按需的数据采集工作了。数据采集工作主要由"数据需求分析人员"和"数据采集技术人员"两类人员相互配合完成，前者向后者提供整理出来的数据需求与客户特征指标，后者带着需求指标与客户指标去采集数据。双方的有效合作可以降低数据采集的冗余度，提高数据采集的效率，增加后期数据分析的价值。

3.1.3　跨境电子商务数据采集的工具及应用

跨境电子商务数据采集的工具主要有八爪鱼采集数据、Web Scraper 和 Python 爬取数据。

1. 八爪鱼采集数据

八爪鱼是深圳视界信息技术有限公司研发的一款业界领先的网页数据采集软件，它具有使用简单、功能强大等优点。八爪鱼可简单快速地将网页数据转化为结构化数据，并存储于 Excel 或数据库等，而且其可提供基于云计算的大数据云采集解决方案，以实现精准、高效、大规模地采集数据。八爪鱼智能模式可实现输入网址全自动化导出数据，是国内首个大数据一键采集平台。八爪鱼的规则配置流程模拟人的思维模式，贴合用户的操作习惯，并且提供 4 种操作模式，以满足不同的个性化应用需求。简易模式内置上百种主流网站数据源，存放了国内一些主流网站爬虫采集规则，如京东、天猫、大众点评等热门采集网站，只需参照模板简单设置参数，就可以快速获取网站公开数据，节省了制定规则的时间及精力。对于大部分电子商务平台上的卖家，直接自定义规则可能有难度，在这种情况下，可以使用简易模式。八爪鱼采集数据的具体操作流程如下。

（1）下载八爪鱼软件并登录。打开八爪鱼软件官方下载界面，单击"立即下载"按钮，如图 3-2 所示。下载八爪鱼软件并安装，安装完毕后打开软件，然后进行账户注册与登录。

（2）设置京东商品列表抓取规则。进入登录界面即可看到主页上的"热门采集模板"，单击"京东"选项，如图 3-3 所示。

京东爬虫内置了 6 条规则，这里仅以"京东列表页数据采集（list 开头网址）"为例说明，单击"查看详情"，如图 3-4 所示。

第3章 跨境电子商务数据采集、清洗与处理

图 3-2 官方网站下载界面

图 3-3 选择"简易采集"

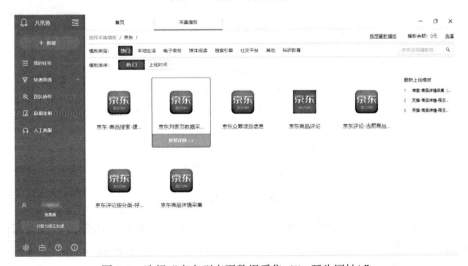

图 3-4 选择"京东列表页数据采集（list开头网址）"

（3）掌握模板的使用方式。"采集模板"页面详细介绍了模板的使用方式，如图3-5所示，"采集字段预览"包括商品名称、总评价数、店铺名称、价格、采集时间、当前页面网址、店铺类型、选购指数等；"采集参数预览"包括列表页网址，如图3-6所示；"示例数据"则以表格形式给出爬取的数据，如图3-7所示，最后单击"立即使用"按钮。

图3-5 采集模板详情页

图3-6 采集参数预览

商品名称	价格	店铺名称	店铺链接	商品详情链接	总评价数	选购指数	店铺类型	当前页面网址
小米电视4X 65...	2799.00	小米京东自营...	https://mall.jd...	https://item.jd...	53万+	3.6	自营	https://list.jd.c...
小米电视4X 43...	1099.00	小米京东自营...	https://mall.jd...	https://item.jd...	62万+	1.9	自营	https://list.jd.c...
小米电视4A 65...	2799.00	小米京东自营...	https://mall.jd...	https://item.jd...	53万+	8.7	自营	https://list.jd.c...
小米电视4A 32...	799.00	小米京东自营...	https://mall.jd...	https://item.jd...	110万+	6.3	自营	https://list.jd.c...
小米电视4A 70...	2999.00	小米京东自营...	https://mall.jd...	https://item.jd...	12万+	2.2	自营	https://list.jd.c...
小米电视4A 55...	1899.00	小米京东自营...	https://mall.jd...	https://item.jd...	101万+	7.4	自营	https://list.jd.c...
小米全面屏电...	899.00	小米京东自营...	https://mall.jd...	https://item.jd...	110万+	1.9	自营	https://list.jd.c...
海信（Hisense...	1599.00	海信电视京东...	https://mall.jd...	https://item.jd...	34万+		自营	https://list.jd.c...

图3-7 示例数据

（4）保存并运行京东列表页数据采集规则。填入本次爬取任务的任务名及对应的任务组（默认为"我的任务组"），输入需要爬取的URL，这里要求必须以"list"开头，单击"保存并启动"按钮，如图3-8所示。

第 3 章 跨境电子商务数据采集、清洗与处理

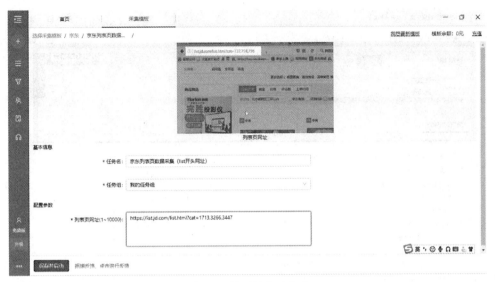

图 3-8　填写并启动爬虫

在弹出的"启动任务"对话框中单击"启动本地采集"按钮，如图 3-9 所示，即用本地网络发送请求。"启动云采集"指用云服务器资源向目标服务器发送请求，适用于时间长、数据量较大的爬虫任务。本示例以"启动本地采集"为例。

图 3-9　启动采集

单击"启动本地采集"按钮后会弹出一个新窗口，窗口上半部分显示实时网页画面，可以看到网页在不断地下拉，说明正在爬取数据。在采集过程中，可以随时单击"停止采集"按钮停止数据采集，如图 3-10 所示。

在采集结束后，可以单击"导出数据"按钮导出数据，如图 3-11 所示。

八爪鱼提供多种可选的数据存储方式，包括 Excel（xlsx）、CSV 文件、HTML 文件、JSON、导出到数据库等，如图 3-12 所示。本示例选择 Excel（xlsx），保存的数据如图 3-13 所示。

跨境电子商务数据分析与应用

图 3-10　数据采集中

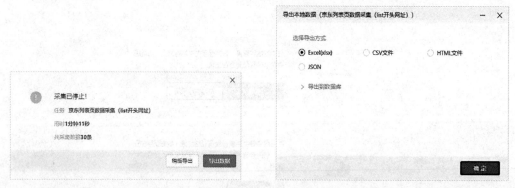

图 3-11　导出数据　　　　　　　　图 3-12　选择导出数据格式

图 3-13　保存的数据

第 3 章　跨境电子商务数据采集、清洗与处理

2. Python 爬取数据

使用 Python 爬取数据需要使用者具有一定的 Python 基础，包括 Python 的下载、环境配置、安装方法，以及基本语法和函数的使用、脚本的执行等，可通过其他书籍或网上资源来习得。下面介绍使用 Python 爬取数据的思路和基本操作，阿里巴巴网站数据源如图 3-14 所示。

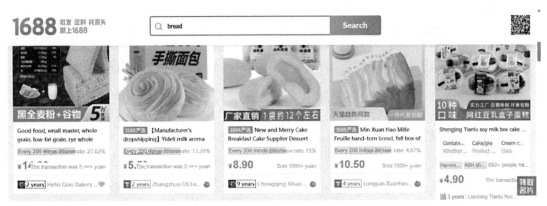

图 3-14　阿里巴巴网站数据源

假设要爬取阿里巴巴网站上的商品数据，执行如下程序：访问站点；定位所需的信息；得到并处理信息。这个简单的程序定义了一个网络爬虫程序普遍的流程。这个程序执行后会生成一个"crawdata.txt"文本文档，打开文本文档后可看到输出商品的序号、价格、商品名称等信息，如图 3-15 所示，也可进一步将文本文档导入 Excel 中进行数据分析。

爬取阿里巴巴商品数据的网络爬虫程序核心代码如下。

```python
#CrawTaobaoPrice.py
import requests
import re
#访问站点，保存HTML信息
def getHTMLText(url):
    try:
        headers = {
            'user-agent': 'Mozilla/5.0 (Linux; Android 6.0; Nexus 5 Build/MRA58N) AppleWebKit/537.36 (KHTML, like Gecko) Chrome/87.0.4280.88 Mobile Safari/537.36',
            'cookie':***,#登录阿里巴巴后获取cookie信息
        }
r = requests.get(url,headers=headers,timeout=50)
        r.raise_for_status()
        r.encoding = r.Apparent_encoding
        return r.text
    except:
        print("gethtml1 出了问题")
        return ""
#定位价格、标题
def parsePage(ilt, html):
    try:
        plt = re.findall(r'\"view_price\"\:\"[\d\.]*\"',html)
        tlt = re.findall(r'\"raw_title\"\:\".*?\"',html)
        for i in range(len(plt)):
            price = eval(plt[i].split(':')[1])
            title = eval(tlt[i].split(':')[1])
            ilt.Append([price , title])
    except:
        print("parsePage 出了问题")
#保存数据
def printGoodsList(ilt):
    tplt = "{:4}\t{:8}\t{:16}"
    count = 0
    with open('crawdata.txt','a+') as f:
        f.write(tplt.format("序号", "价格", "商品名称")+'\n')
        for g in ilt:
            count = count + 1
            # print(tplt.format(count, g[0], g[1]))
            f.write(tplt.format(count, g[0], g[1])+'\n')
#主程序
def main():
```

```
goods = '面包'
depth = 3
start_url = 'https://s.taobao.com/search?q=' + goods
infoList = []
for i in range(depth):
    try:
        url = start_url + '&s=' + str(44*i)
        html = getHTMLText(url)
        parsePage(infoList, html)
    except:
        continue
printGoodsList(infoList)
```

通过上述示例不难发现，网络爬虫的核心任务就是访问某个站点（一般为一个URL地址），然后提取HTML文档中的特定数据，最后对数据进行保存、整理。当然，根据具体的应用场景，网络爬虫可能还需要很多其他功能，如自动抓取多个页面、处理表单、对数据进行存储或清洗等。掌握一些网络爬虫程序编写方法，不仅能实现定制化的功能，还能在某种程度上拥有一个高度个性化的"浏览器"。因此，学习网络爬虫的相关知识是很有必要的。

3.2 跨境电子商务数据清洗

跨境电子商务数据清洗是发现并纠正跨境电子商务数据文件中可识别的错误的最后一道程序，包括检查数据的一致性、处理无效值和缺失值等。与问卷审核不同，数据清洗一般由计算机而不是人工完成。

3.2.1 跨境电子商务数据清洗的概念与原理

1. 跨境电子商务数据清洗的概念

数据清洗（data cleaning）是指对数据进行重新审查和校验，目的在于删除重复信息、纠正存在的错误，并保证数据的一致性。

从名字上看，跨境电子商务数据清洗就是把跨境电子商务数据中"脏"的部分"洗掉"，因为数据库中的数据是某一主题数据的集合，这些数据从多个业务系统中抽取而来，而且包括历史数据，这样就会出现有的数据是错误数据、有的数据相互之间有冲突等情况，这些错误的或有冲突的数据显然是我们不想要的，被称为"脏数据"。我们要按照一定的规则把"脏数据""洗掉"，这就是跨境电子商务数据清洗。跨境电子商务数据清洗的任务是过滤那些不符合要求的数据，将过滤的结果交给业务主管部门，确认是过滤还是由业务主管部门修正之后再进行抽取。

跨境电子商务数据清洗是一个反复进行的过程，不可能在几天内完成，需要不断地发现问题、解决问题。数据是否过滤、是否修正，一般要求客户确认。对于过滤数据，一般要求写入 Excel 文件中，或者将过滤数据写入数据表中。在 ETL 开发的初期，可以每天向业务主管部门发送过滤数据的邮件，促使他们尽快地修正错误，同时可以将其作为将来的验证依据。跨境电子商务数据清洗需要注意的是，对每个过滤规则都应认真进行验证，并要求客户确认以防将有用的数据滤除。

2. 跨境电子商务数据清洗的原理

跨境电子商务数据清洗的原理是指利用有关技术，如数理统计、数据挖掘或预定义的清理规则，将"脏数据"转化为满足数据质量要求的数据。

3.2.2 跨境电子商务数据清洗的方法、流程及具体操作步骤

一般来说，跨境电子商务数据清洗是精减数据库中的数据（除去重复记录的数据），并将剩余的数据的格式转换为标准的、可接收格式的过程。数据清洗标准模型是将数据输入数据清洗处理器，通过一系列步骤"清洗"数据，然后数据清洗处理器以期望的格式输出清洗过的数据。

1. 跨境电子商务数据清洗的方法

在数据采集阶段以各种途径获取目标数据之后，需要对采集到的数据进行清洗，以达到数据分析使用前的预处理目的。一般不符合数据分析需求的问题数据主要有三类：缺失数据、重复数据和错误数据。针对此三类问题数据，进行数据清洗操作可以删除重复的数据信息，纠正数据中存在的错误，并提供给数据分析阶段有一致性的数据源。

（1）清洗缺失数据。跨境电子商务数据在采集过程中，由于多种因素会存在缺失的数据值，这些缺失值在数据记录中通常使用错误标识符（#DIV/0！）或空值来表示。通过使用统计学方法查找缺失数据并进行相应处理，可以保证所使用数据的完整一致性。常用缺失值一般有以下三种处理方法：数值替代法、数值删除法和数值保留法。

（2）清洗重复数据。在数据记录中的重复数据一般有两类，即数据字段的完全重复和部分字段重复。针对重复数据的清洗，可以按照以下操作程序与方法进行。

首先，进行重复数据查找，保证数据的一致性。在数据记录中使用以下四种方法：使用条件格式方法、使用高级筛选方法、使用函数方法和使用数据透视表方法。

其次，在查找到的重复数据记录基础上，删除重复数据，保证数据清洗结果的准确，并使用以下三种方法：使用删除重复项功能、使用排序方法和使用筛选方法。

（3）清洗错误数据。在数据处理过程中，对于不符合规范或所采集到的数据本身就是错误数值的数据，可以使用不符合规范要求的错误数据处理方法和手动输入错误数据处理方法两种方法进行处理，以保证数据的准确性与规范性。

第3章 跨境电子商务数据采集、清洗与处理

2. 跨境电子商务数据清洗的流程

数据清洗有七个流程，如表 3-1 所示。

表 3-1　数据清洗的流程及要点说明

数据清洗的流程	要点说明
选择子集	选中需要做数据分析的列。当数据的列比较多时，可以使用隐藏功能把不需要分析的列隐藏起来
列名重命名	如果原字段名不适合，可以更改字段名称
删除重复项	选中要分析的数据范围，利用 Excel 的"删除重复值"功能删除重复项
缺失值处理	在 Excel 中选中某一列，查看右下角显示的统计数目，通过和其他列的项目做对比，可得知该列是否有缺失
一致化处理	一致化是指数据有统一的命名，可以对数据进行拆分从而实现命名的一致化
数据排序	利用 Excel 中的"函数"功能计算数据的平均值或者求和，从而对数据进行排序
异常值查看处理	通过 Excel 的"筛选"功能查看数据是否有错误。在"筛选"下拉菜单所列出的数据类型中，可以查看是否有异常的数值

3. 跨境电子商务数据清洗的具体操作步骤

（1）清洗缺失数据。下面采用一个样本统计量的值代替缺失值的方式进行数据替换，具体操作步骤如下。

① 打开"第 3 章 3.2 数据源 1"文件，在数据表中，单击选中 A1 单元格，按住 Shift 键的同时单击选中 D12 单元格，此时，A1:D12 数据单元区域被选中，如图 3-16 所示。

	A	B	C	D
1	交易日日期	客户人数	成交总额	人均消费额
2	9月5日	1560	34876	22.36
3	9月6日	1278	37980	29.72
4	9月7日	1995	40628	20.36
5	9月8日	2876	67954	23.63
6	9月9日	2106		0.00
7	9月10日	2495	60480	24.24
8	9月11日	2258	59087	26.17
9	9月12日	1963	50981	25.97
10	9月13日	1708	57054	33.40
11	9月14日	2598	60278	23.20
12	9月15日	1894	58706	31.00

图 3-16　选中数据集定位缺失值范围

② 在"开始"选项卡中，单击"查找"下拉按钮，在弹出的下拉菜单中单击"定位"按钮，如图 3-17 所示。

③ 在弹出的"定位"对话框中选中"空值"单选按钮，然后单击"定位"按钮，如图 3-18 所示。

④ 此时，数据表中的空值单元格可被自动选中，如图 3-19 所示。

跨境电子商务数据分析与应用

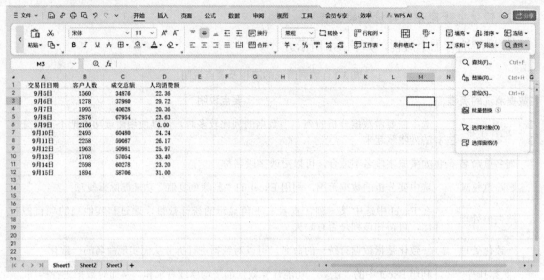

图 3-17 单击"定位"按钮

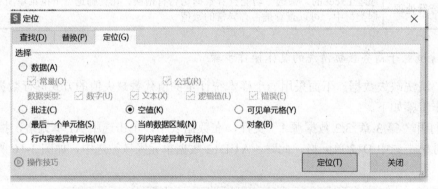

图 3-18 单击"定位"按钮

	A	B	C	D
1	交易日日期	客户人数	成交总额	人均消费额
2	9月5日	1560	34876	22.36
3	9月6日	1278	37980	29.72
4	9月7日	1995	40628	20.36
5	9月8日	2876	67954	23.63
6	9月9日	2106		0.00
7	9月10日	2495	60480	24.24
8	9月11日	2258	59087	26.17
9	9月12日	1963	50981	25.97
10	9月13日	1708	57054	33.40
11	9月14日	2598	60278	23.20
12	9月15日	1894	58706	31.00

图 3-19 自动选中表中的空值单元格

在图 3-19 所示的销售数据记录中，"人均消费额=成交总额/客户人数"。销售数据记录表中 9 月 9 日的成交总额数据缺失，其相应的人均消费额数值无法计算从而缺失。在此

· 58 ·

种情况下，有如下两种方法可以进行缺失数据的处理。

● 使用平均消费数值替换。由于人均每日消费额度相对稳定，可以考虑使用其他人均消费额的平均值约 26.01 元进行替代填充，从而计算获得该日的成交总额约为 54 777 元。

● 使用缺失数据前后记录平均值替换。由于缺失数据较少，可以使用 9 日前后两天的成交总额取平均值后，计算得到 9 日的成交金额为 64 217 元，从而计算出人均消费额约为 30.49 元。

上述替代方法使用了一个样本里的平均值进行替换，保证了缺失数据的准确性与客观性。在更为复杂的数据记录与模型使用情况下，可以使用由一个统计模型计算出来的值代替缺失值。

（2）清洗重复数据。下面使用"高级筛选"方法查找不重复数据，并隐藏重复数据，具体操作步骤如下。

① 打开"第 3 章 3.2 数据源 2"文件，选中表中的任何一个数据单元格，单击"数据"→"筛选"下拉按钮，在弹出的下拉菜单中选择"高级筛选"选项，如图 3-20 所示。

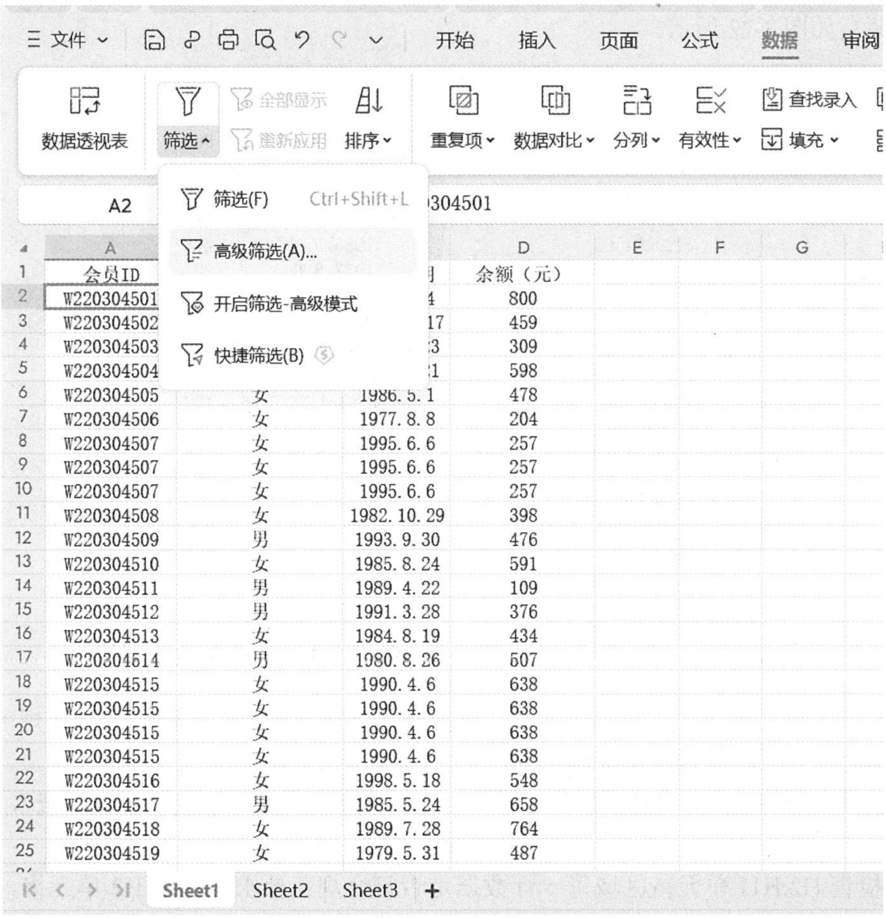

图 3-20 选择"高级筛选"选项

② 在弹出的"高级筛选"对话框中选中"选择不重复的记录"复选框，单击"确定"按钮，如图3-21所示。

图3-21　设置"高级筛选"功能

③ 数据记录中不重复的"会员ID"及相关记录数据被筛选出来，同时重复的数据记录被隐藏，如图3-22所示。

	A	B	C	D
1	会员ID	性别	出生日期	余额（元）
2	W220304501	男	1987.9.4	800
3	W220304502	男	1995.10.17	459
4	W220304503	女	1978.5.23	309
5	W220304504	男	1983.3.21	598
6	W220304505	女	1986.5.1	478
7	W220304506	女	1977.8.8	204
8	W220304507	女	1995.6.6	257
11	W220304508	女	1982.10.29	398
12	W220304509	男	1993.9.30	476
13	W220304510	女	1985.8.24	591
14	W220304511	男	1989.4.22	109
15	W220304512	男	1991.3.28	376
16	W220304513	男	1984.8.19	434
17	W220304514	男	1980.8.26	507
18	W220304515	女	1990.4.6	638
22	W220304516	女	1998.5.18	548
23	W220304517	男	1985.5.24	658
24	W220304518	女	1989.7.28	764
25	W220304519	女	1979.5.31	487

图3-22　使用"高级筛选"功能获得不重复数据的结果

（3）清洗错误数据。下面以会员采购打折商品记录数据为例，说明不符合规范要求的错误数据处理方法，具体操作步骤如下。

① 打开"第3章3.2数据源3"文件，在H1单元格中输入字段"错误检查"，如图3-23所示。

② 检查H2:H11单元格区域每一行数据是否符合规范要求。选中H2单元格，在编辑栏中输入公式"=IF(COUNTIF(B2:G2,"< >0")>3,"错误","正确")"，并使用填充柄，选中H2

右下角拖动到单元格 H11，如图 3-24 所示。

	A	B	C	D	E	F	G	H
1	会员	商品1	商品2	商品3	商品4	商品5	商品6	错误检查
2	Q105673001	0	1	0	1	1	1	
3	Q105673002	1	0	0	1	0	0	
4	Q105673003	1	1	0	0	0	0	
5	Q105673004	1	1	1	0	1	0	
6	Q105673005	0	1	1	0	0	0	
7	Q105673006	0	0	0	0	0	1	
8	Q105673007	0	0	1	1	0	0	
9	Q105673008	0	0	0	1	1	1	
10	Q105673009	1	1	0	1	1	1	
11	Q105673010	1	0	1	1	0	0	

图 3-23　输入字段"错误检查"

	A	B	C	D	E	F	G	H
1	会员	商品1	商品2	商品3	商品4	商品5	商品6	错误检查
2	Q105673001	0	1	0	1	1	1	错误
3	Q105673002	1	0	0	1	0	0	正确
4	Q105673003	1	1	0	0	0	0	正确
5	Q105673004	1	1	1	0	1	0	错误
6	Q105673005	0	1	1	0	0	0	正确
7	Q105673006	0	0	0	0	0	1	正确
8	Q105673007	0	0	1	1	0	0	正确
9	Q105673008	0	0	0	1	1	1	正确
10	Q105673009	1	1	0	1	1	1	错误
11	Q105673010	1	0	1	1	0	0	正确

图 3-24　检查不符合规范要求的错误数据

在上述输入公式中，COUNTIF()函数首先统计每一条数据记录的 10 种商品是否选中（数字 1 为选中，0 为未选中），如果单元格数值非零（"< >0"），那么累加。累加数值大于 3，即商品被选中超过 3 个，不符合要求。使用 IF()函数进行判断，如果逻辑判断为"真"，即商品选中超过 3 个，返回"错误"，否则返回"正确"。

3.3　跨境电子商务数据处理

获取数据之后，就会进入数据处理阶段。数据处理阶段也可以称作数据准备阶段，包含从原始数据到形成最终数据集的所有操作，包括数据清洗和转换、语义层定义以及数据集定义。数据整理是大数据分析的前提条件，在对数据源进行清洗和转换等处理后可获得目标源，并对其进行分析。

3.3.1　跨境电子商务数据处理的概念

数据处理有广义和狭义两种概念。广义的数据处理是指所有的数据采集、存储、加工、分析、挖掘和展示等工作；而狭义的数据处理仅仅包括从存储的数据中提取、筛选有用数据。对有用数据进行加工是为数据分析、数据挖掘模型的建立所做的数据准备工作。

一般来说，跨境电子商务数据处理是狭义的，即对跨境电子商务数据进行增加、删除、改动、查询等操作。在目前大数据的背景下，数据处理工作往往通过技术手段来实现，如利用数据仓库的处理能力，对数据进行增加、删除、改动、查询等处理。在实践中，数据处理最主要的工作是对数据进行清洗，即对"脏数据"进行清洗，让数据更加规范，让数据的结构更加合理，让数据的含义更加明确，并让数据在数学模型中处于可用状态。

3.3.2　跨境电子商务数据处理的工具及具体操作流程

1. 跨境电子商务数据处理的工具

Excel 是最基本，也是最常用的一种数据处理工具，其功能非常强大，通过 Excel 进行的数据处理包括对数据进行排序、筛选、去除重复项、分列、异常值处理、做透视表等。除此之外，还有 SQL、Hive、Python、Google Analytics、GrowingIO、BI 等工具，每种工具都各有优缺点，应视具体情况、侧重点来选择工具。

在数据处理的不同阶段应用不同的工具对数据进行处理。

（1）在数据转换阶段，利用专业的 ETL、Informatica 和开源的 Kettle 等工具，可帮助完成数据的提取、转换和加载。

（2）在数据存储和计算阶段，利用 Oracle、DB2、MySQL 等工具，可对数据进行存储和计算。

（3）在数据可视化阶段，利用 BIEE、Microstrategy、Z-Suite 等工具，可对数据的计算结果进行分析和展现。

数据处理的软件有 Excel、Origin 等，当前流行的图形可视化和数据分析软件有 Matlab、Mathmatica 和 Maple 等。这些软件功能强大，可满足科技工作中的许多需要，但使用这些软件需要具备一定的计算机编程知识和矩阵知识，并熟悉其中大量的函数和命令。而使用 Origin 就像使用 Excel 和 Word 那样简单，只需单击鼠标，使用菜单命令就可以完成大部分工作，并获得满意的结果。

2. 跨境电子商务数据处理的具体操作流程

【任务描述】

对跨境电子商务数据进行处理，要求如下。

（1）根据日期建立时间列，时间列格式为日期格式，如 2019-01-01，将列名设置为"Date"，并去除原来的"month"和"day"列。

（2）统计 2019 年 10 月 11 日—2019 年 11 月 11 日每天用户的不同行为的数量，列名设置为不同行为，以时间为索引。

【操作步骤】

（1）根据"month"和"day"两列数据，运用"Date"函数生成"Date"列。

① 单击"action"列，选中该列，单击鼠标右键，在弹出的快捷菜单中选择"插入"

选项，则在"day"列和"action"列之间插入一个空列，如图 3-25 所示。

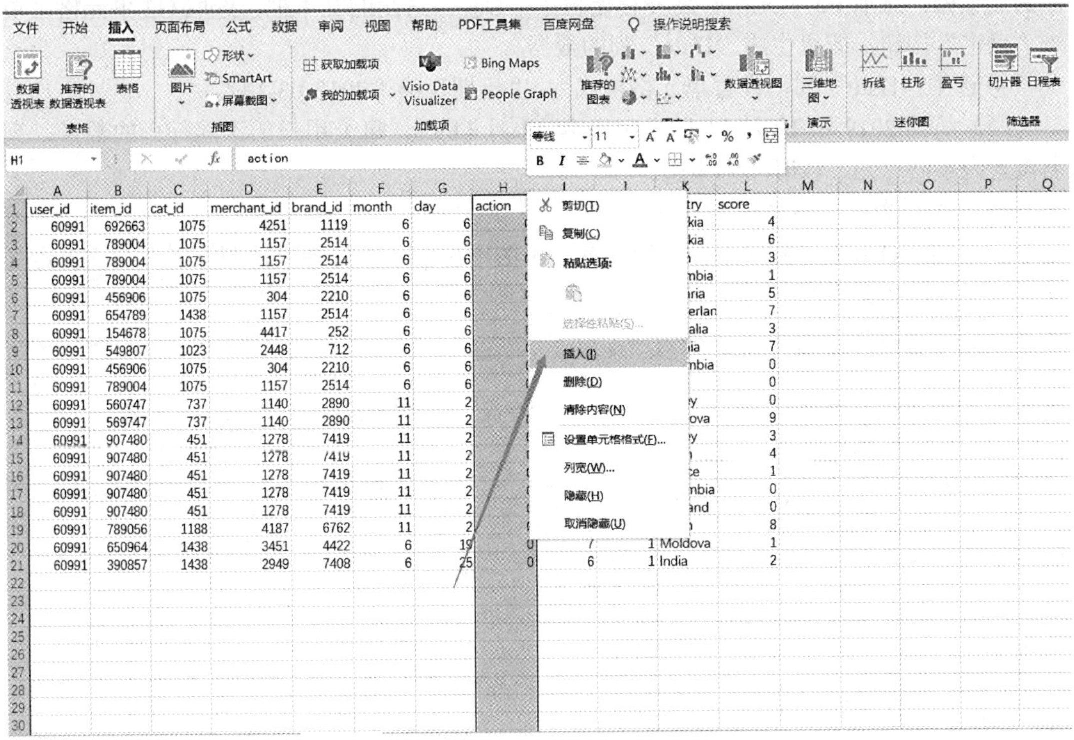

图 3-25 插入空列

② 将光标定位于 H2 单元格，在菜单栏中依次单击"公式""插入函数"按钮，弹出"插入函数"对话框，选择类别"日期与时间"→"Date"函数，单击"确定"按钮，弹出如图 3-26 所示的"函数参数"对话框。

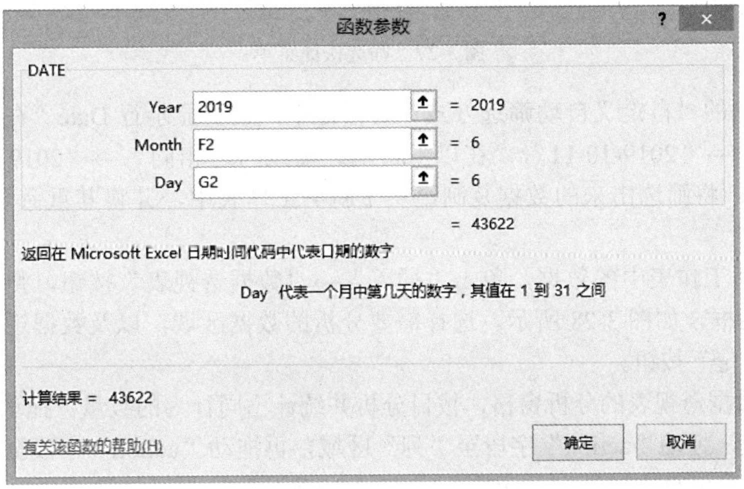

图 3-26 "函数参数"对话框

③将光标定位于"Year"右侧的文本框,输入"2019";将光标定位于"Month"右侧的文本框,选取 F2 单元格;将光标定位于"Day"右侧的文本框,选取 G2 单元格;单击"确定"按钮,即可生成"Date"列的数据。

④选中"Date"列,设置单元格格式为:"日期"→"2012-03-14"。

(2)统计 2019 年 10 月 11 日—2019 年 11 月 11 日,每天用户的不同行为的数量,列名设置为不同行为,以时间为索引。

①单击"数据"→"筛选"按钮。

②单击"Date"右侧的下拉按钮,在弹出的下拉菜单中选择"日期筛选"→"自定义筛选"选项,如图 3-27 所示。

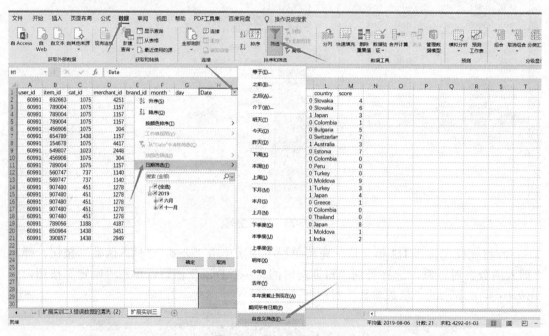

图 3-27　筛选快捷菜单

③在弹出的"自定义自动筛选方式"对话框中,设置显示行 Date"在以下日期之后或与之相同"→"2019-10-11","在以下日期之前或与之相同"→"2019-11-11",单击"确定"按钮,将筛选出来的数据复制至一个新的工作表中,并将其重命名为"10 月 11 日数据"。

④选中新工作表中的数据,单击"插入"→"数据透视表"按钮,弹出"创建数据透视表"对话框,如图 3-28 所示。选择需要分析的数据区域,以及数据透视表放置的位置,单击"确定"按钮。

⑤进入数据透视表的分析窗格,按日分析并统计不同行为的数量。拖动"Date"字段至"行"区域,拖动"action"字段至"列"区域,再拖动"action"字段至"值"区域,并设置"值字段汇总方式"为"计数",如图 3-29 所示。

第 3 章 跨境电子商务数据采集、清洗与处理

图 3-28 "创建数据透视表"对话框　　　　图 3-29 数据透视表字段设置

⑥ 修改分析显示结果中的列标签，将"0"修改为"点击"，将"1"修改为"加入购物车"，将"2"修改为"购买"，将"3"修改为"关注商品"，最终结果如图 3-30 所示。

计数项:action	列标签				
行标签	点击	加入购物车	购买	关注商品	总计
10月11日	201		14	18	233
10月12日	124		6	24	154
10月13日	105		5	12	122
10月14日	244	2	11	18	275
10月15日	164		11	8	183
10月16日	238	1	16	19	274
10月17日	221	1	12	24	258
10月18日	223		13	13	249
10月19日	202		17	9	228

图 3-30 数据透视表

 复习思考题

一、填空题

1. 网络爬虫一般有数据采集、_____和数据存储三个功能。
2. 无论是线上的互联网产品交易，还是线下的商品直接交易，所有交易业务活动都将通过_____存储相关数据信息。
3. _____是用户访谈的普遍使用方式。
4. 数据采集工作主要由"数据需求分析人员"和_____两类人员相互配合完成，前者向后者提供整理出来的数据需求与客户特征指标，后者带着需求指标与客户指标去采集数据。

5. 数据清洗（data cleaning）是指对数据进行重新审查和校验，目的在于_____、纠正存在的错误，并保证数据的一致性。

二、判断题

1. 网站日志除了支持数据的采集行为，还可以用于日志文件恢复，使由用户的一些误操作导致的数据缺损或破坏行为得以纠正。（   ）
2. Web Scraper 是深圳视界信息技术有限公司研发的一款业界领先的网页数据采集软件，它具有使用简单、功能强大等优点。（   ）
3. 常用缺失值一般有以下三种处理方法：数值替代法、数值删除法和数值保留法。（   ）
4. Excel 是最基本，也是最常用的一种数据处理工具。（   ）
5. 在数据转换阶段，利用 BIEE、Microstrategy、Z-Suite 等工具，可对数据的计算结果进行分析和展现。（   ）

三、简答题

1. 简述跨境电子商务数据采集的方法。
2. 简述跨境电子商务数据采集的流程。
3. 简述第三方数据统计工作的步骤。
4. 简述跨境电子商务数据清洗的原理。
5. 简述跨境电子商务数据清洗的流程。

第4章　跨境电子商务数据可视化

学习目标

- 了解跨境电子商务数据可视化的认知
- 掌握跨境电子商务数据可视化的方法

技能目标

- 能够利用 Excel 制作跨境电子商务图表
- 能够撰写网站运营数据分析报告和商业报告

4.1　跨境电子商务数据可视化概述

4.1.1　跨境电子商务数据可视化的认知

跨境电子商务数据可视化可以借助人脑的视觉思维能力，帮助人们理解大量的数据信息，并深入了解其细节层面的内容，发现数据中隐含的规律，查找、分析及揭示数据背后的信息，从而提高数据的使用效率和决策的正确性。

1. 跨境电子商务数据可视化的意义

在生活和工作中，一张图片所传递的信息往往比很多文字所传递的信息更直观、更清楚。所谓"字不如表，表不如图"，图表的重要性可见一斑。在统计分析产品、客户画像等方面都需要从业者具备优秀的数据可视化能力。现在常见的如"一图看懂××"等信息交流方式就是用图表来传递信息的，是典型的数据可视化成果。

跨境电子商务数据可视化可以通过简单的逻辑和视觉体验让用户快速把握要点，使大脑的视觉系统迅速识别、存储、记忆图形信息，本能地将图形信息转化为长期记忆。

跨境电子商务数据可视化还可以改变我们解读世界的方式，相同的数据、不同的表达方式能产生不同的效果。在展现跨境电子商务数据时，一张清晰而独特的数据图表能够让别人更加直观且准确地理解我们所要表达的信息和意图，同时也能够让想要表达的信息看上去更加具有说服力，让商务数据的价值最大化。

2. 提升跨境电子商务数据可视化的视觉效果

创造外观精美的可视化跨境电子商务数据，对设计人员来说是一种挑战。要呈现良好的跨境电子商务数据可视化效果，不能仅仅进行简单的图文混排，还必须在视觉上能够表达数据的主旨，这就要求设计人员在进行视觉设计前必须了解数据内容的框架，同时掌握一定的技巧。

要想呈现良好的跨境电子商务数据可视化效果，可以从以下十个方面进行提升。

（1）颜色：建议不要使用超过 5 种颜色，颜色的使用要适度，仅用于突出关键信息即可。

（2）字体：所有文字必须字体清晰、大小合适，让用户能够快速选择信息。

（3）版式：要提供符合逻辑的版式，引导用户进行信息阅读，尽可能让图表元素保持对齐，从而保证视觉一致性。

（4）标注：谨慎使用标注，标注仅用于标出关键信息。

（5）留白：要有足够的留白（如果留白太少，会看起来很杂乱）。

（6）插图：插图必须符合主题基调，能够提高内容的传递效率。

（7）图标：简约、易懂且具有普遍性，其作用主要是便于内容的理解。

（8）数据：一组数据对应一份图表就足够了，不要画蛇添足。

（9）比例：确保数据可视化设计中的组成元素比例得当，便于用户快速阅读。

（10）简约：避免不必要的设计，如文本的 3D 效果、装饰性的插图和毫无关联的元素等。

4.1.2　跨境电子商务数据可视化的方法

将数据生成生动、形象的图表，不仅可以增强数据的可读性，还可以根据数据图表发现隐藏在数据背后的各种重要信息。下面我们将从跨境电子商务数据可视化的步骤与跨境电子商务数据可视化图表两个方面来介绍跨境电子商务数据可视化方法。

1. 跨境电子商务数据可视化的步骤

对跨境电子商务数据进行可视化处理，一般可以按照以下四个步骤来进行，如表 4-1 所示。

表 4-1　跨境电子商务数据可视化的步骤及要点说明

跨境电子商务数据可视化的步骤	要点说明
明确数据可视化的需求，寻找数据背后的故事	在开始创建一个跨境电子商务数据可视化项目时，首先需要明确数据可视化的需求是什么。设计人员可以先试着回答一个问题：这个可视化项目怎样帮助用户？设计人员思考这个问题，可以避免在数据可视化设计中出现一个常见现象：把一些不相干的数据放在一起进行比较
为数据选择正确的可视化类型	在确定需求之后，就可以为数据选择一个正确的可视化类型。有些设计人员会选择使用不同类型的图表来展现相同的数据，但实际上这种做法并不值得借鉴。数据可视化的效率虽然很高，但前提是必须准确运用，并能够精确地传达信息。不同类型的数据分别适合不同的图表类型，如果设计人员选用一个错误的图表类型去展现数据，就很容易造成误解

续表

跨境电子商务数据可视化的步骤	要点说明
确定最关键的信息指标并给予场景联系	能否实现高效的数据可视化,不仅取决于信息可视化的类型,还取决于一种平衡:既要保证总体信息的通俗易懂,同时也要在某些关键点上有所突出;既能提供深刻、独家的信息解读,也能提供合适的场景以联系上下文,从而更加合理地展现数据
为内容而设计,优化展现形式	如果设计形式很糟糕,即使"故事"再美好,数据再有吸引力,用户也不会被吸引。因此,优秀的设计形式同样是一个很关键的方面,它可以帮助设计人员高效地对信息进行转换,利用精美的外观来吸引用户阅读

2. 跨境电子商务数据可视化图表

Excel 是目前使用最广泛的数据可视化工具之一,它基本上包含了所有常用的数据可视化图表。除此之外,还有许多在线的数据可视化工具,如 ECharts、Dydata、Plotly、ggplot2、Tableau、Raw、Infogram、ChartBlocks、JpGraph,基于 JavaScript 的 D3.js、Chart.js、FusionCharts、JavaScript InfoVis Toolkit 等。

(1) 反映发展趋势的可视化图表。反映发展趋势的可视化图表通过图表来反映事物的发展趋势,能让人们一眼就看清事物的发展趋势或走向。常见的反映发展趋势的可视化图表有柱形图、折线图和面积图等。

柱形图是以宽度相等的柱形条的高度差异来显示统计指标数值大小的一种图表,如图 4-1 所示。按照时间绘制柱形图,可以反映事物的变化趋势,如某个指标各时段的变化趋势,也可以按照其他维度,如区域、机型、版本等来反映事物的分布情况。

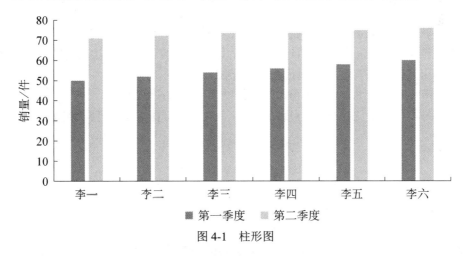

图 4-1 柱形图

折线图是将点和线连在一起的图表,可以反映事物的发展趋势和分布情况,如图 4-2 所示。与柱形图相比,折线图更适合展现增幅、增长值,但不适合展现绝对值。

面积图强调数量随时间而变化的程度,也可用于引起人们对总值趋势的注意,如图 4-3 所示。

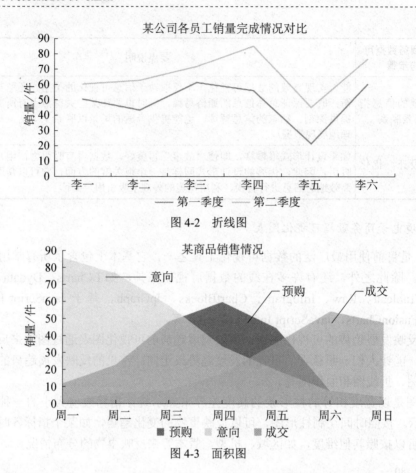

图4-2 折线图

图4-3 面积图

（2）反映比例关系的可视化图表。反映比例关系的可视化图表通过面积大小、长短等反映事物的结构和组成，从而让用户知道什么是主要内容，什么是次要内容。常见的反映比例关系的可视化图表有饼图、旭日图、瀑布图等。

饼图是指将一个圆饼分为若干份，用于反映事物的构成情况，显示各个项目的大小或比例的图，如图4-4所示。饼图适合展现简单的比例关系，可在不要求数据精细的情况下使用。

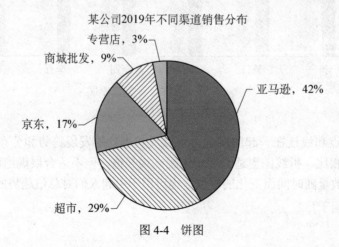

图4-4 饼图

旭日图中有多个圆环，可以直观地展示事物的组成部分及下一层级的构成情况，如图 4-5 所示。

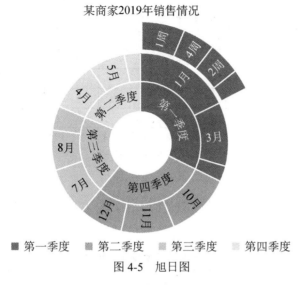

图 4-5　旭日图

瀑布图采用绝对值与相对值相结合的方式，用于表达特定数值之间的数量变化关系，最终展示一个累计值，如图 4-6 所示。瀑布图能够反映事物从开始到结束经历了哪些过程，适用于分解问题的原因或事物的构成因素。例如，某企业想了解项目的收支情况如何，就可以通过瀑布图分解该项目，找出哪一个组成部分增加了收入，哪一个组成部分减少了收入。

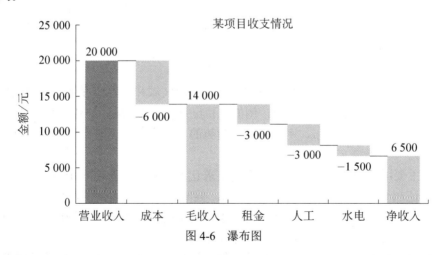

图 4-6　瀑布图

（3）反映相关性的可视化图表。反映相关性的可视化图表通过图表来反映事物的分布或占比情况，从而展示事物的分布特征、不同维度间的关系等。常见的反映相关性的可视化图表有散点图、气泡图、热力图、词云图等。

散点图主要用于反映若干数据系列中各个数值之间的关系，如图 4-7 所示。此外，我们还能通过各点的位置看出极值的分布情况。

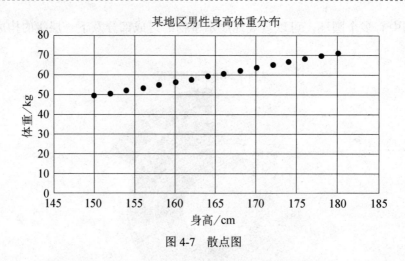

图 4-7 散点图

气泡图通过气泡的面积大小来表示数值的大小，与散点图相比多了一个维度，如图 4-8 所示。

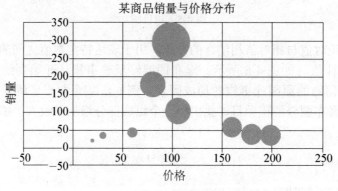

图 4-8 气泡图

热力图是以特殊高亮的形式显示访客热衷的页面区域和访客所在地理区域的图表，如图 4-9 所示。此外，还有城市热力图。例如，百度地图热力图是用不同颜色的区块叠加在地图上，以实时描述人群分布、密度和变化趋势的一个产品，是基于百度大数据的一个便民出行服务。

词云图主要用于描述事物的主要特征，要求让人一眼就能看出一个事物的主要特征，越明显的特征越要突出显示，如图 4-10 所示。同时，象形的词云图，如轮廓是一个人、一只鸟等，可反映事物的主题，这样会更形象、更生动。此外，词云图还可以显示词汇出现的频率，可以用于制作用户画像、用户标签等。

（4）反映差异的可视化图表。反映差异的可视化图表通过对比来发现不同事物之间的差异和差距，从而总结出事物的特征。常见的反映差异的可视化图表是雷达图。

雷达图主要展现事物在各个维度上的分布情况，从而看出事物在哪些方面强、哪些方面弱。例如，一个运动员各方面能力的得分可以通过雷达图清晰地表达出来，让用户一眼就能看出这个运动员哪方面的能力强、哪方面的能力弱，如图 4-11（a）所示。此外，一个产品在各个评价维度上的评分也可以使用雷达图来展现,如图 4-11(b)所示。

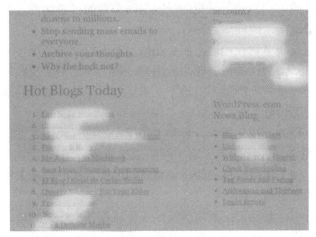

图 4-9　热力图

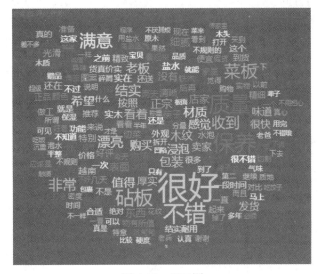

图 4-10　词云图

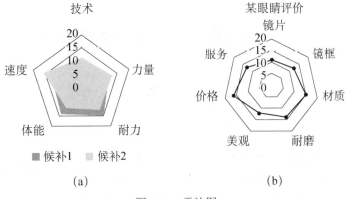

(a)　　　　　　　　　　　　　(b)

图 4-11　雷达图

（5）反映空间关系的可视化图表。反映空间关系的可视化图表通过地图来反映事物的地理分布情况或用户的出行轨迹。常见的反映空间关系的可视化图表有全球地图、中国地图、省市地图、街道地图、地理热力图等。

地图可以形象地反映事物在地理上的分布情况及人群迁徙情况，主要包括地理分布图（全球、全国、各省市等）、迁徙图、热力地图等。热力地图主要反映地理分布情况、热力分布情况，从而看出哪里是人群最多的地方、哪里是用户单击最多的地方等，可以反映用户的出行习惯、使用习惯等。

（6）反映工作流程的可视化图表。反映工作流程的可视化图表通过图表来反映工作流程中各个环节的关系，帮助管理者了解实际的工作流程，消除工作流程中多余的工作环节，合并同类活动，使工作流程更加经济、合理和简便，从而提高工作效率。常见的反映工作流程的可视化图表是漏斗图。

在跨境电子商务中，漏斗图主要用于反映工作流程各个环节的转化情况，让商家一眼就能看清整个工作流程的转化情况。通过分析各个环节的转化情况，商家可以发现问题所在，从而找准改进的方向。

在跨境电子商务数据分析过程中，漏斗图不仅能够展示消费者从进入网站到完成购买的转化率，还可以展示每个销售环节的转化率，帮助商家直观地发现问题，如图4-12所示。

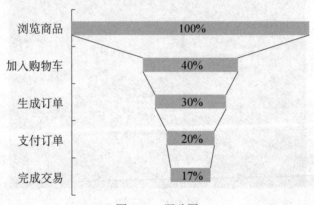

图4-12　漏斗图

4.2　跨境电子商务图表可视化

4.2.1　使用Excel制作跨境电子商务图表

1. 业务背景

图表是利用几何图形或具体形象表现数据的一种形式。它的特点是形象直观、富有表现力、便于理解。使用Excel制作图表来表明总体的规模、水平、结构、发展趋势等，更有利于数据的分析与研究。下面我们将使用Excel进行跨境电子商务常规图表的制作。

2. 数据可视化形式及具体操作流程

（1）折线图。折线图用于显示数据在某个时期内的变化趋势。例如，数据在一段时间内呈增长趋势，在另一段时间内呈下降趋势。通过折线图，我们可以对数据在未来一段时间内的变化情况做出预测。图 4-13 所示为某跨境电子商务企业各岗位男女人数分布数据，可以用折线图进行分析，具体操作步骤如下。

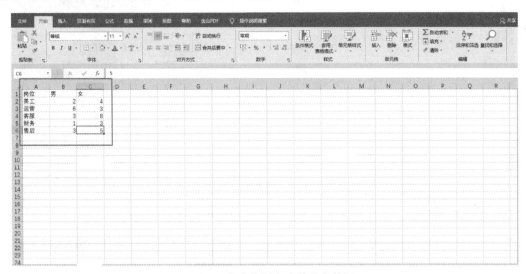

图 4-13　各岗位男女人数分布数据

① 选中表中所有数据，单击"插入"→"图表"选项组中的"折线图"按钮，如图 4-14 所示。

图 4-14　插入折线图

② 拖动图表可调整图表的位置，拖拽图表边框可调整图表的大小；单击图表右上角的"图表元素"按钮，即可添加、删除或更改图表元素，如添加坐标轴标题、去除网格线等；

在页面右侧可对图表区格式进行设置，如更改填充方式、边框线条等，如图 4-15 所示。

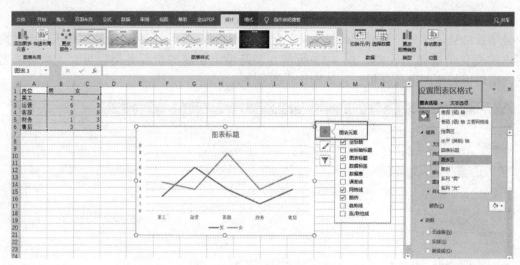

图 4-15　设置图表元素

③ 更改图表标题，各岗位性别分布折线图的效果如图 4-16 所示。

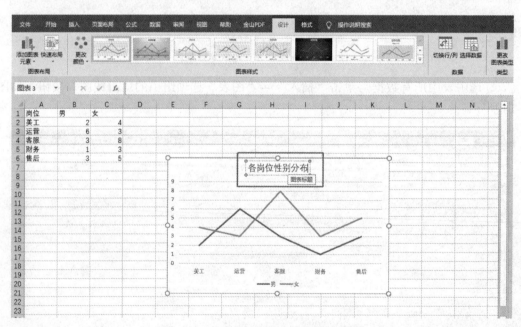

图 4-16　各岗位性别分布折线图的效果

（2）柱形图。柱形图可以有效地对一系列甚至几个系列的数据进行直观的对比，簇状柱形图则适用于对比多个系列的数据。图 4-17 所示为某企业销售部门各员工的全年销售目标及每个季度的详细销售数据。使用柱形图可以形象地展示该企业销售部门全年销售目标的完成情况，能清晰地展示每位员工的计划达成情况、销售业绩分布情况及每个季度在全年度中的业绩占比，具体操作步骤如下。

第 4 章 跨境电子商务数据可视化

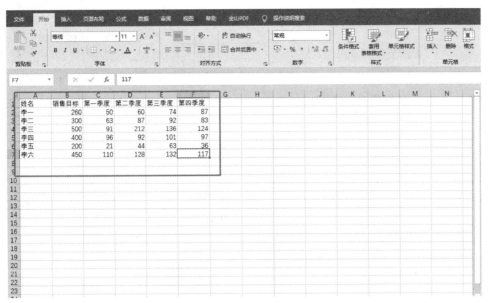

图 4-17 员工销售数据

① 选中表中所有数据，单击"插入"→"图表"选项组中的"柱形图"按钮，在弹出的下拉菜单中选择"堆积柱形图"选项，如图 4-18 所示。

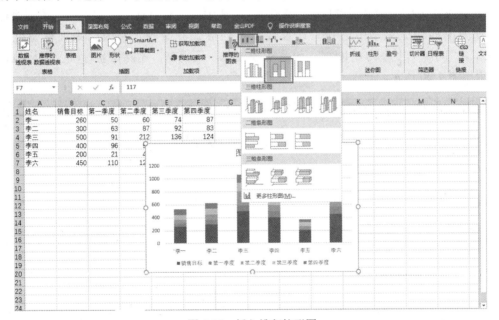

图 4-18 插入堆积柱形图

② 在所插入的堆积柱形图中选择某一数据系列并单击鼠标右键，在弹出的快捷菜单中选择"更改系列图表类型"命令；在弹出的"更改图表类型"对话框中，单击"系列名称"对应的图表类型下拉按钮，设置"销售目标"数据系列的图表类型为"簇状柱形图"，设置"第一季度""第二季度""第三季度""第四季度"数据系列的图表类型为"堆

积柱形图"。各季度数据绘制在"次坐标轴"上,如图 4-19 所示。

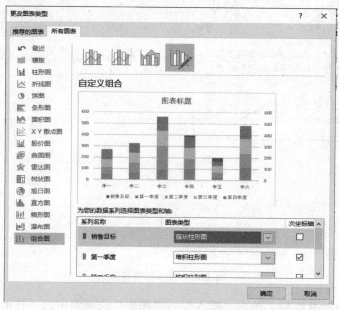

图 4-19 "更改图表类型"对话框

③ 更改图表标题为"销售目标达成情况";选中"销售目标"数据系列,单击鼠标右键,在弹出的快捷菜单中选择"设置数据系列格式"命令,修改"系列重叠度"为"100%","间隙宽度"为"40%",设置实线边框、无填充,删除次坐标轴及网格线,最终效果如图 4-20 所示。

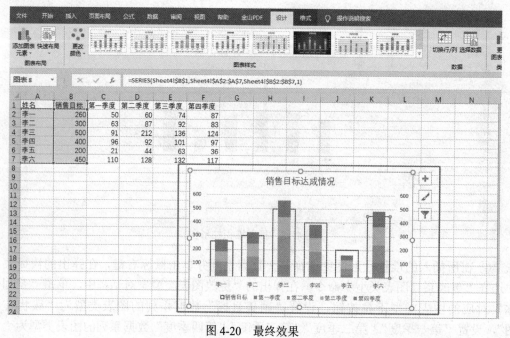

图 4-20 最终效果

（3）饼图。饼图用于对比几个数据在其形成的总和中所占的百分比。整个饼图代表总和，每一个数据用一个薄片表示。如果在同一个饼图中显示两组数据，就需要用双层饼图展示。图 4-21 所示为某店铺 2019 年 8 月销售数据汇总表，现需要通过饼图展示各类别产品的销量及每一具体产品的销量情况，具体操作步骤如下。

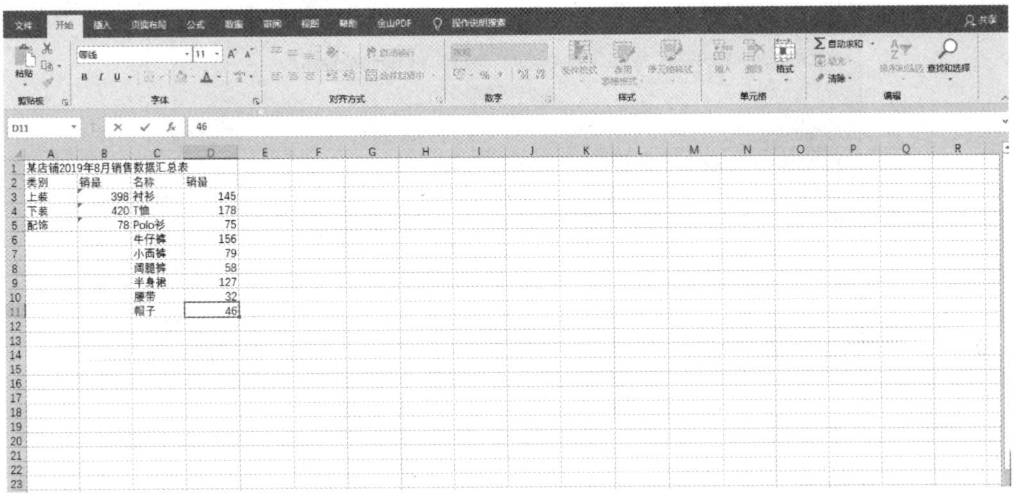

图 4-21　产品销售数据汇总表

① 将光标定位于工作表的空白单元格内，单击"插入"→"图表"选项组中的"饼图"按钮，在弹出的下拉菜单中选择"饼图"选项，插入一个空白饼图，如图 4-22 所示。

图 4-22　插入饼图

② 在图表的空白区域单击鼠标右键，在弹出的快捷菜单中选择"选择数据"选项，在"选择数据源"对话框中分别添加类别名称和系列名称，将"水平（分类）轴标签"设置为名称区域，如图 4-23 所示。设置完成后，两个饼图是完全重合在一起的。

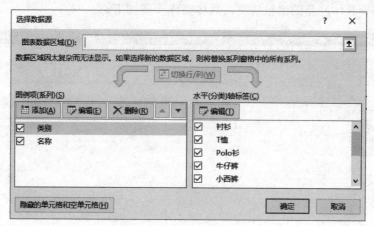

图 4-23 "选择数据源"对话框

③ 选择类别饼图中某个数据系列，单击鼠标右键，在弹出的快捷菜单中选择"设置数据系列格式"选项，设置数据系列绘制在"次坐标轴"上，设置饼图程度为"50%"；移动 3 块分离的类别饼图（需要注意的是，要逐块分别移动，不能一次性全选移动），同时添加数据标签，即可形成图 4-24 所示的产品销售情况双层饼图。

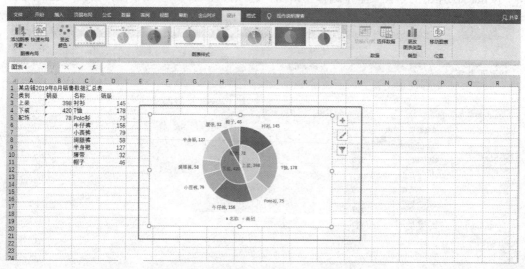

图 4-24 产品销售情况双层饼图展示

为了让图表层次更分明，在进行颜色调整时将每类产品的颜色设置为同一色系，但深浅不同，如上装全部是蓝色系，配饰全部为灰色系。

（4）散点图。散点图通常用于显示和比较数值，能够表示因变量随自变量变化而变化的大致趋势，据此可以选择合适的函数对数据点进行拟合。在不考虑时间的情况下比较大量数据时,可以使用散点图。图 4-25 所示为某平台统计的不同年龄消费者的网购金额数据,下面基于此制作散点图。

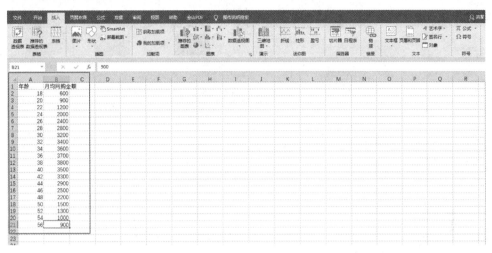

图 4-25　不同年龄消费者的网购金额数据

① 选中数据,单击"插入"→"图表"选项组中的"散点图"按钮,在弹出的下拉菜单中选择"带平滑线和数据标记的散点图"选项,如图 4-26 所示。

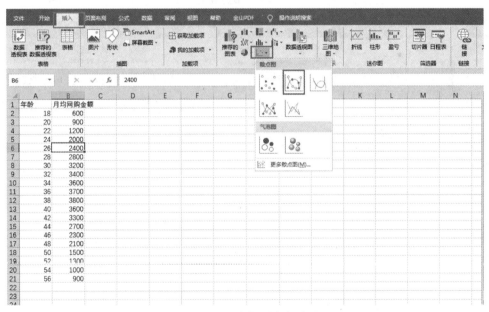

图 4-26　选择图表类型

② 此时即可插入散点图,调整图表的大小和位置,删除图例,设置图表标题,如图 4-27 所示。还可进一步设置图表元素、坐标轴选项等,使图表更加清晰、明了。

(5)气泡图。气泡图与散点图相似,可用于展示 3 个变量之间的关系。在绘制气泡图时将第一个变量放在横轴,第二个变量放在纵轴,第三个变量则用气泡的大小来表示。

图 4-28 所示为某电子商务平台统计的网购消费者的年龄分布统计,下面将基于此数据制作气泡图来展示消费者的年龄分布情况。

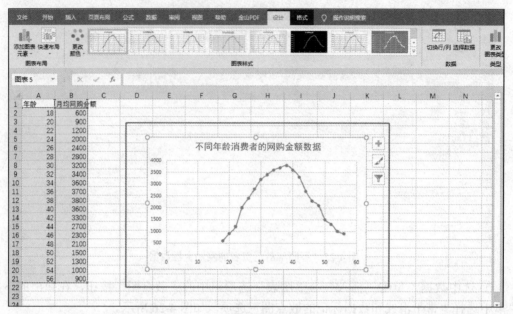

图 4-27　最终效果

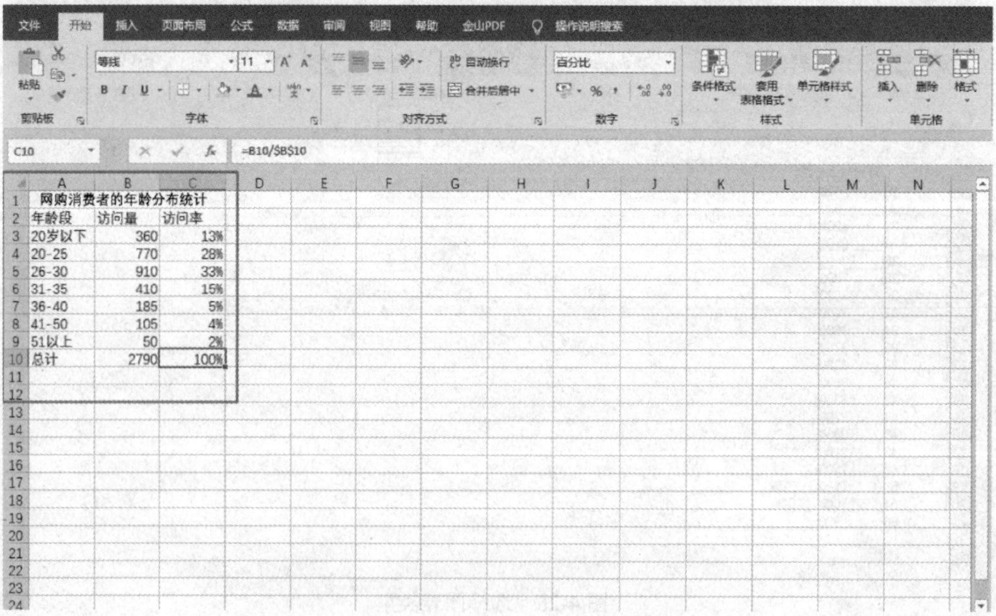

图 4-28　网购消费者的年龄分布统计

① 选择任一空白单元格,单击"插入"→"图表"选项组中的"散点图"或"气泡图"按钮,在弹出的下拉菜单中选择"三维气泡图"选项,如图 4-29 所示。

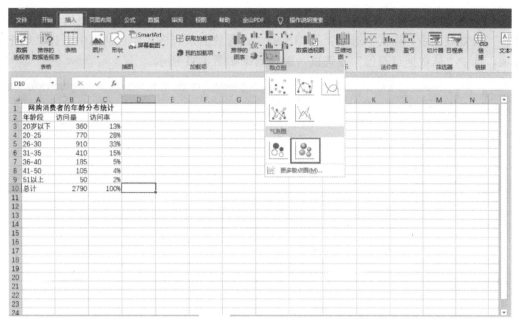

图 4-29　选择"三维气泡图"选项

② 在插入的空白图标上单击鼠标右键,在弹出的快捷菜单中选择"选择数据"选项,在弹出的"选择数据源"对话框中,单击"添加"按钮;在弹出的"编辑数据系列"对话框中,设置"系列名称"为 A1 单元格,"X 轴系列值"为 A3:A9 单元格区域,"Y 轴系列值"为 B3:B9 单元格区域,"系列气泡大小"为 C3:C9 单元格区域,如图 4-30 所示,然后依次单击"确定"按钮。

图 4-30　"编辑数据系列"对话框

③ 调整图表大小,并删除图例;在数据系列上单击鼠标右键,在弹出的快捷菜单中选择"设置数据系列格式"选项,在弹出的"设置数据系列格式"对话框中选择"填充"选项,选中"依数据点着色"复选框,最终效果如图 4-31 所示。

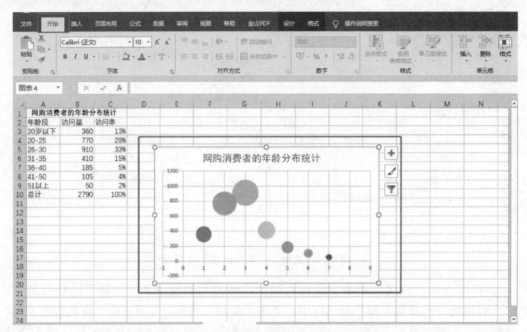

图 4-31　网购消费者的年龄分布气泡图

4.2.2　使用特殊图表实现数据可视化

1. 业务背景

特殊图表是在基本图表的基础上,通过添加辅助数据,结合基本形状制作的具有生活特征的图表。这类图表与基本图表相比,在表达某些数据时更直观、更清晰,在视觉效果上也更具美感。本节将讲解如何使用特殊图表实现数据可视化。

2. 具体操作流程

(1)瀑布图。瀑布图因形似瀑布而得名,具有像瀑布一样自上而下的流畅的视觉效果。这类图表采用绝对值与相对值相结合的方式,很好地阐释了单个系列数据从一个值到另一个值的变化过程,形象地说明了数据的流动情况。

如果图表中个别数据点的数值同其他数据点相差较大,坐标轴刻度就会自动适应最大数值的数据点,而其他数值较小的数据点就无法在图表中直观体现。柱形断层图则可以忽略中间的数据,使所有数据都能在同一个图表中表现出来。图 4-32 所示为某企业近一年的收支数据,下面将基于此进行瀑布图的制作。

① 选择任一数据单元格,单击"插入"→"图表"选项组中的"瀑布图"按钮,在弹出的下拉菜单中选择"瀑布图"选项,如图 4-33 所示。

第 4 章　跨境电子商务数据可视化

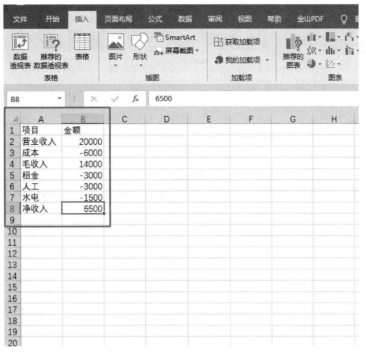

图 4-32　某企业近一年的收支数据

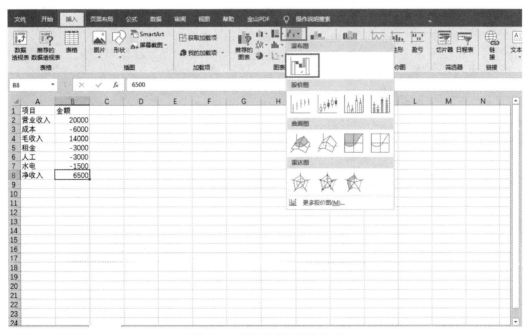

图 4-33　选择"瀑布图"选项

② 更改图表标题为"某企业收支情况";在图表中选中"毛收入"数据系列,单击鼠标右键,在弹出的快捷菜单中选择"设置为汇总"选项,设置后的瀑布图将更便于理解,如图 4-34 所示。

· 85 ·

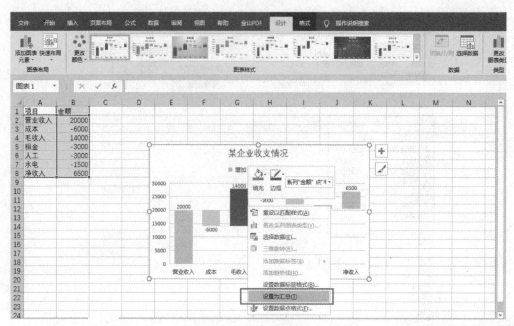

图 4-34　汇总"毛收入"

③ 对"净收入"数据系列进行相同的操作，得到的最终效果如图 4-35 所示。

图 4-35　某企业收支情况瀑布图

（2）旋风图。旋风图能够直观地展示两组数据的对比情况。本例利用旋风图清楚地展示不同性别消费者在消费时的注重因素，具体操作步骤如下。

① 选中 A1:C6 单元格区域，单击"插入"→"图表"选项组中的"推荐的图表"按

钮,在弹出的"插入图表"对话框中选择"组合图"选项,将图表类型设置为"簇状条形图",其中将"女性"设置为显示在"次坐标轴"上,如图 4-36 所示。

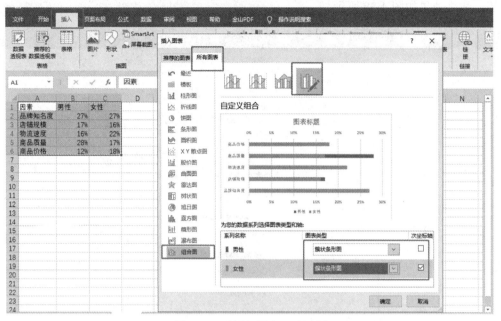

图 4-36 "插入图表"对话框

② 双击上面的坐标轴,设置最小值和最大值分别为−80%和 80%,并选中"逆序刻度值"复选框;同理设置下面坐标轴的最大值和最小值;另外,单击坐标轴标签,在"坐标轴选项"中将标签位置设置为"低",完成后如图 4-37 所示。

图 4-37 设置完坐标轴后的效果图

③更改图表标题；单击水平坐标轴，按 Delete 键将其删除，同理删除网格线等多余元素；设置数据系列的间隙宽度为"70%"；添加数据标签，并设置图表的颜色、文字格式等，最终效果如图 4-38 所示。

图 4-38 最终效果

4.3 跨境电子商务数据分析报告

4.3.1 撰写网站运营数据分析报告

网站运营数据分析报告分为业务经营分析报告、网站运营分析报告、网站改版分析报告、单品分析报告等。

1. 业务经营分析报告

业务经营分析报告由标题、前言、主体和结尾四个部分组成。

（1）标题。业务经营分析报告的标题应当高度概括分析报告的主要内容、对象及作者的基本观点，以指导读者正确理解分析报告。业务经营分析报告的标题有单标题和双标题两种。

单标题一般将分析的对象、内容及时间写在标题中，如《××公司××××年度完成经济计划情况分析》；有的单标题直接在标题中揭示问题、提出建议、展望未来等。

双标题的正题往往标出业务经营分析报告的主旨，点出作者的基本观点；副题则说明分析的对象、内容及时间范围等。

（2）前言。前言即业务经营分析报告的开头，其写法多种多样，具体写法视具体情况而定。有的业务经营分析报告在前言部分简要说明调查分析的时间、地点、对象、内容、范围及方式方法等；有的业务经营分析报告在前言部分交代写作目的，说明选题的重要意义，以利于读者了解作者的写作动机，引导读者把握分析报告的重心，正确理解分析报告的基本含义；有的业务经营分析报告在前言部分简要介绍分析报告的主要内容；有的业务经营分析报告在前言部分点出作者的基本观点；有的业务经营分析报告在前言部分介绍分析对象的基本情况；有的业务经营分析报告在前言部分提出问题，以引起读者的注意；等等。

业务经营分析报告前言的写法很多，大家应当灵活运用，有时单独采用一种写法，有时需要综合运用多种写法。

（3）主体。主体是业务经营分析报告的主要部分。此部分需要围绕选题，提出问题，分析问题，解决问题，并且要有情况、有数据、有观点、有分析。

主体部分的结构有纵式结构和横式结构两种。

纵式结构按照事物发生、发展的时间顺序或人们认识发展的规律，层层递进，依次安排布局，适用于事理明了、内容单一的专项分析报告。

横式结构则根据分析内容的性质，将分析内容划分成几个方面或问题，循着某一逻辑关系并列安排布局，适用于综合性分析报告。例如，《××公司××××年度财务分析报告》的主体部分，根据分析内容的性质分成"××××年财务收支基本情况""资金来源与运用分析""成本费用分析""利润分析""问题与建议"五个部分。每一部分又被分解为若干小部分，如把"利润分析"部分分成"存款规模对利润的影响""存贷款利差对利润的影响""贷款收息率对利润的影响"三个小部分，从多个角度分析该公司的财务综合状况。

（4）结尾。结尾是业务经营分析报告的结束部分，其主要作用是总结全文、点明主题、得出结论、揭示问题、提出建议、展望未来、鼓舞斗志、加深认识等。但若在前言或主体部分已点明主题、得出结论、揭示问题、提出建议、展望未来，也就无须再画蛇添足，可灵活安排。

2. 网站运营分析报告

网站运营分析报告主要包括以下内容。
（1）数据整理。
（2）从不同维度进行数据分析：自己和自己比，产品内部横向对比，市面上产品的纵向对比，用户体验层面的比较。
（3）给出优化建议。
（4）列出下一个阶段的工作计划。

3. 网站改版分析报告

网站改版分析报告主要包括以下内容。
（1）建设网站前的市场分析。

①相关行业市场的具体情况，市场有什么特点，是否能够在互联网上开展业务。
②市场主要竞争对手分析，竞争对手的网站规划、功能和作用。
③企业自身条件分析，企业概况，市场优势，分析利用网站可以提升企业哪些方面的竞争力，以及建设网站的能力。

（2）建设网站的目的及功能定位。

①为什么要建设网站？是为了宣传产品、开展电子商务，还是建设行业？是出于企业的需要，还是市场开拓的延伸？
②整合企业资源，确定网站功能。根据企业的需要和计划，确定网站的功能和类型，如产品宣传型、网上营销型、客户服务型、跨境电子商务型、行业门户型等。
③根据网站功能，确定网站应达到的目的和作用。
④企业内部网（Intranet）的建设情况和网站的可扩展性。

（3）网站技术解决方案。根据网站的功能确定网站技术解决方案。

①采用自建服务器还是租用虚拟主机。
②选择操作系统，分析投入成本、功能、开发、稳定性和安全性等。
③是采用系统性的解决方案（如 IBM、HP 等公司提供的企业上网方案、跨境电子商务解决方案），还是自己开发？
④网站安全性措施，防黑客、防病毒方案。
⑤相关程序开发，如网页程序 ASP、ASP.NET、JSP、PHP、CGI、数据库等。

（4）网站内容规划。

①根据网站的目的和功能规划网站内容，企业网站一般应包括企业简介、产品介绍、服务内容、价格信息、联系方式、网上订单等基本内容。
②跨境电子商务类网站要提供会员注册、详细的商品服务信息、信息搜索查询、订单确认、付款、个人信息保密措施、相关帮助等基本功能。
③如果网站栏目比较多，则考虑安排专人负责相关内容。需要注意的是，网站内容是网站吸引访客的重要因素，无内容或不实用的信息不会吸引匆匆浏览的访客。企业可事先对人们希望阅读的信息进行调查，并在网站内容发布后，调查人们对网站内容的满意度，及时调整网站内容。

（5）网页设计。

①网页设计一般要与企业整体形象一致，要符合企业识别（corporate identity，CI）规范。要注意网页色彩、图片的应用及版面规划，保持网页的整体一致性。
②在新技术的采用上要考虑主要目标群体的分布地域、年龄阶层、网络访问速度、阅读习惯等。
③制订网页改版计划，如每半年到一年时间进行一次较大规模的改版等。

（6）网站维护。

①服务器及相关软硬件的维护，对可能出现的问题进行评估，明确响应时间。
②数据库维护，有效地利用数据是网站维护的重要内容，因此数据库的维护应受到重视。
③内容的更新、调整等。

④ 制定相关的网站维护规定，将网站维护制度化、规范化。

（7）网站测试。网站发布前要进行细致周密的测试，以保证正常浏览和使用。网站测试的主要内容如下。

① 测试服务器的稳定性、安全性。

② 程序及数据库测试。

③ 网页兼容性测试，如浏览器、显示器。

④ 根据需要进行的其他测试。

（8）网站发布与推广。

① 在网站测试后进行发布的公关、广告活动。

② 搜索引擎登记等。

（9）网站建设日程表。明确各项规划任务的开始、完成时间、负责人等。

（10）费用明细。制作各项事宜所需的费用清单。

以上为网站改版分析报告中应该体现的主要内容，根据不同的需求和建设网站目的，其内容也会相应地增加或减少。在建设网站之初，一定要进行详尽的策划，才能达到预期的建设网站目的。

4. 单品分析报告

对于任何一份单品分析报告来说，开篇的点题和背景介绍都很重要。单品分析报告主要包括如下几个部分。

（1）行业概述。

① 介绍行业背景（行业发展情况和发展趋势）。

② 介绍产品对应市场的情况（市场规模、用户群体、产品组成及竞争情况、新趋势）。

（2）产品概述。

① 产品的战略定位与目标。

② 产品的发展历程（针对已有的产品）。

③ 产品的发展规划。

（3）用户需求的收集与总结。收集与总结用户出现了哪些需求，哪些需求还未被满足或未被较好地满足，便于在后面提出优化方案。

（4）产品功能分析。

① 功能列表、主要业务流程介绍，便于在后面对比优缺点。

② 介绍行业背景和产品后，就可以通过 SWOT 分析法搭建产品分析的核心框架。

（5）产品优势分析。

① 用户体验方面。

② 功能设计方面（包括横向和纵向，即功能是否全面，流程是否完善、简便）。

③ 资源、性能方面。

（6）产品劣势分析。

① 用户体验方面。

② 功能设计方面（包括横向和纵向，即功能是否全面，流程是否完善、简便）。
③ 资源、性能方面。

（7）行业竞争分析。从用户体验、功能设计、资源和性能三个方面对行业内的同类产品进行横向比较，最后结题并总结。

（8）产品发展建议。通过产品优劣势及行业竞争分析，给出产品发展建议，如哪些优势需要巩固和发扬，如何规划；哪些劣势需要弥补和完善，如何规划；哪些行业机会、新需求可以满足，如何规划。

4.3.2 撰写商业报告

1. 公司简介

公司简介通常是对一个企业或组织的基本情况的简单说明。首先，需要明确公司的背景，如公司的性质和组成方式（集资方式）等；其次，从整体上介绍公司经营范围、公司理念和公司文化；再次，概括性地介绍公司现在的经营状况；最后，指明公司未来的发展方向或者现阶段的发展目标。还有比较重要的一点是，需要让公司确认公司简介是否准确。

2. 报告目标

通常情况下，在撰写商业报告时要明确商业报告要达到的目标。首先要收集客户对于经营的疑虑，再针对客户的疑虑提出解决办法。

3. 制作流程

商业报告的制作流程包括写出制作商业报告的思路、概括该商业报告的写作步骤以及每个步骤所用到的方法。

另外，为了给公司呈现更清晰的商业报告制作流程，我们可将文字内容转换成流程图的模式，如图 4-39 所示。

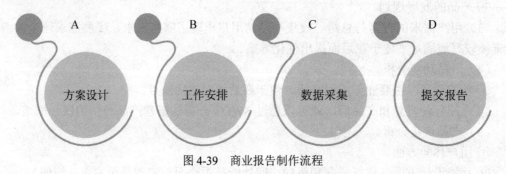

图 4-39　商业报告制作流程

4. 数据来源

这一部分需要向客户说明商业报告中所有数据的来源，并指出为什么要选择这些数据,以及介绍数据的搜集方法。企业可以使用数据统计工具获得相关数据,如分析会员数据的 CRM(客户关系管理)软件、分析网店运营的生意参谋软件等。

5. 数据展示

这一部分需要将商业报告中用到的数据展示出来。例如,项目中介绍了计算机产品相关数据的各种处理方法,如果制作一个关于计算机产品销售网店的商业报告,就可以把从项目中得到的数据结果展示出来。

6. 数据分析

数据分析主要分为五个方面:商品类目成交量、商品类目销售额、商品品牌成交量、商品品牌销售额和销售平台数据。数据分析部分只需根据上一部分中展示的数据依次进行详细的解释和合理的推测即可。

7. 结论

商业报告的结论要从企业的诉求出发,为企业提供合理的建议。

 复习思考题

一、填空题

1. 反映发展趋势的可视化图表通过图表来反映事物的发展趋势,能让人们一眼就看清事物的发展趋势或_____。

2. _____的可视化图表通过面积大小、长短等反映事物的结构和组成,从而让用户知道什么是主要内容,什么是次要内容。

3. _____是指将一个圆饼分为若干份,用于反映事物的构成情况,显示各个项目的大小或比例的图。

4. 瀑布图采用_____的方式,用于表达特定数值之间的数量变化关系,最终展示一个累计值。

5. 业务经营分析报告由标题、前言、_____和结尾四个部分组成。

二、判断题

1. 热力图通过气泡的面积大小来表示数值的大小,与散点图相比多了一个维度。(   )

2. 反映差异的可视化图表通过对比来发现不同事物之间的差异和差距,从而总结出事物的特征。(   )

3. 柱形图可以有效地对一系列甚至几个系列的数据进行直观的对比,簇状柱形图则适用于对比多个系列的数据。(   )

4. 瀑布图能够直观地展示两组数据的对比情况。(   )

5. 数据分析主要分为五个方面：商品类目成交量、商品类目销售额、商品品牌成交量、商品品牌销售额和销售平台数据。（　　）

三、简答题

1. 如何提升跨境电子商务数据可视化效果？
2. 简述跨境电子商务数据可视化的步骤。
3. 简述网站运营分析报告的主要内容。
4. 简述单品分析报告的主要内容。
5. 简述商业报告的制作流程。

第 5 章 跨境电子商务市场数据分析

学习目标

- 了解跨境电子商务市场数据分析的目的与作用
- 掌握跨境电子商务市场数据分析的主要内容与渠道
- 理解市场行业分析的相关知识

技能目标

- 能够使用 Excel 进行市场行业趋势分析
- 能够使用 Excel 进行行业市场容量分析

5.1 跨境电子商务市场数据分析概述

5.1.1 跨境电子商务市场数据分析的概念

市场数据分析是指商家通过对市场情况进行调研，了解商品生命周期数据、市场品类容量数据、商品品类数据、竞争品牌和竞争商品数据、商品季节售卖周期数据等。商家利用市场行情了解市场数据，找到增加销售额的"蓝海"机会，了解市场的变化趋势，找到自己店铺可以切入的品类，从而让商家合理规划品类布局，进而增加店铺的销售额。

5.1.2 跨境电子商务市场数据分析的目的与作用

1. 跨境电子商务市场数据分析的目的

市场数据分析是指通过对市场容量、行业趋势、市场需求、目标客户、竞争形态等数据进行全方位的综合分析，掌握全面的市场发展数据，为店铺进行行业定位、打开选品思路和运营优化提供数据支撑。对于跨境电子商务而言，市场数据分析的目的主要是了解市场规模、确定行业发展方向、把握行业发展周期、瞄准目标市场，如图 5-1 所示。

（1）了解市场规模。跨境电子商务市场规模的变化非常迅速，通过市场容量分析，可以了解整个行业的天花板，为跨境电子商务企业制定市场发展目标提供参考。当市场规模变大时，可以抓住时机做出积极的应对；当市场规模变小时，也应及时制定对应的措施。

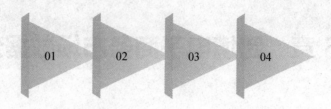

图 5-1　市场数据分析的目的

（2）确定行业发展方向。通过行业发展趋势的分析，可以发现消费者的需求情况，了解行业在整个跨境电子商务市场的发展前景，分析跨境电子商务平台的主导方向以及整个市场的竞争状况，从而为跨境电子商务企业选择经营品类。

（3）把握行业发展周期。行业发展存在周期性变化的规律和特点，跨境电子商务企业需要考虑淡旺季的问题，如服装品类与季节变化、潮流趋势密切相关。通过市场数据分析，准确把握行业的周期变化规律，帮助跨境电子商务企业适时调整运营节奏和产品布局。

（4）瞄准目标市场。按照不同国家地区、不同年龄层次、不同职业划分目标市场，将消费者划分为不同的消费群体，不同的消费群体存在巨大的消费偏好差异。要实现跨境电子商务市场个性化和差异化营销，跨境电子商务企业需要通过市场数据分析，准确地找到跨境电子商务主要的目标市场和区域，进行有针对性的运营、管理和维护。

2. 跨境电子商务市场数据分析的作用

跨境电子商务市场数据分析的作用主要有三个方面，如表 5-1 所示。

表 5-1　跨境电子商务市场数据分析的作用及要点说明

跨境电子商务市场数据分析的作用	要点说明
预测行情	通过行业发展趋势的分析判断，帮助进入跨境电子商务市场的新卖家找到具有潜力和有待开发的蓝海市场
提供信息	市场数据分析包括宏观市场环境、行业发展前景及微观产品类目的全方位调查分析，为跨境电子商务企业制订经营目标和优化店铺运营策略提供数据支撑
发现机会	通过细致的市场数据分析，层层剖析，找出细分行业类目，对运营方向做出正确决策，找到适合自身的发展机会。例如，蓝海市场就是消费者需求还没有被充分满足的、有潜力打造高利润增长空间的市场

5.1.3 跨境电子商务市场数据分析的主要内容与渠道

1. 跨境电子商务市场数据分析的主要内容

跨境电子商务市场数据分析的主要内容包括三个方面，如图 5-2 所示。

图 5-2 跨境电子商务市场数据分析的主要内容

（1）市场容量分析。市场容量即市场规模，市场容量分析主要研究目标市场的整体规模。市场容量分析对跨境电子商务的运营非常重要。通过市场容量分析，可以帮助跨境电子商务企业了解行业的市场前景，从而做出行业选择。此外，行业的市场容量分析可以帮助跨境电子商务企业制订销售目标和计划。

通过对行业市场容量的分析，可以帮助跨境电子商务企业找准目标，确定可以入驻的类目。但是在具体运营过程中，跨境电子商务企业还需要了解大类目下所有子类目的市场容量及发展趋势，从中选出市场容量大、最具销售前景的子类目，从而在运营过程中制订合理的上新计划，做好产品品类布局。

（2）行业趋势分析。行业趋势，即一个行业在一定时间周期内的变化情况。通过对行业趋势的分析，根据行业数据判断行业目前所处的发展阶段以及之后的发展前景，找到进入行业的最佳时间。一般而言，一个行业在发展的过程中会经历萌芽期、成长期、爆发期和衰退期四个阶段。通常，企业会选择在一个行业处于萌芽期、成长期的阶段进入，甚至在爆发期也可以顶风进入，但是不会在行业处于衰退期的时候进入。

（3）市场需求分析。市场需求是指一定的消费者在一定的地区、一定的时间、一定的市场营销环境和一定的市场营销计划下，对某种商品或服务愿意购买并且能够购买的数量。市场需求主要受到消费者的消费偏好、消费者的收入水平、消费者对该商品的预期以及相关商品的价格等因素的影响。

分析市场需求变化趋势时，需要结合全球速卖通等平台一段时间内的数据进行分析，重点观察分析搜索指数和供需指数两组数据，如表 5-2 所示。

表 5-2 市场需求变化趋势及要点说明

市场需求变化趋势	要点说明
搜索指数	在统计时间内，所选类目下搜索次数的指数化指标。搜索指数就是访客搜索特定商品的次数的一个指标，并不是指数多少就是被搜多少次，是一个比例
供需指数	在统计时间内，所选类目的需求指数 / 供给指数。供需指数大，代表市场需求大于供给；供需指数小，代表市场需求小于供给

2. 跨境电子商务市场数据的主要来源渠道

分析市场数据需要了解市场的过去，并通过过去预测未来的发展走向。因此，市场数据分析工作要求跨境电子商务企业持续、长期收集关于市场与行业发展的相关数据。收集市场数据的主要途径包括全球速卖通平台、行业研究报告和其他跨境电子商务平台。

（1）全球速卖通平台。通过全球速卖通网站数据、年度行业报告、新闻、招商会以及扶持政策，侧面了解目前平台上的热门行业以及新兴行业。一般而言，全球速卖通若扶持某一行业，则说明该行业目前正在发展，跨境电子商务企业可以考虑进入。

（2）行业研究报告。行业研究报告是通过对特定行业长期跟踪监测，然后对行业整体情况和发展趋势进行分析，包括行业生命周期、行业趋势、成长空间、盈利空间等。可以通过第三方调研机构，如艾媒网、艾瑞网，搜索与行业相关的关键词，查看行业研究报告，通过关键数据分析，预测行业内的发展机会。

（3）其他跨境电子商务平台。通过观察亚马逊、eBay等其他跨境电子商务平台上的热门行业以及新兴行业的数据，了解这些行业的发展前景。

5.2　跨境电子商务市场行业数据分析

5.2.1　市场行业分析的认知

市场行业分析是指在合法采集行业数据的基础上，分析行业发展现状，预测行业发展趋势，从而发现和评估市场机会的过程。市场行业分析的主要内容包括以下三个方面。

1. 行业发展阶段

就某个行业而言，从产生到成长再到衰落的发展过程，就是行业生命周期的基本概念。一般可分为四个阶段：初创阶段（导入期）、成长阶段、成熟阶段和衰退（或蜕变）阶段。例如，指尖陀螺的昙花一现；百年巨头企业柯达历经胶片大王到破产重组的沧桑巨变；如今具有优质像素和强大拍照功能的智能手机也在冲击着数码相机的市场。

2. 季节周期性

季节周期性，俗称淡旺季，是指在一定时期内，随着季节更替和时间变迁，行业市场数据呈现有规律的周期性变动。例如服装品类、节日礼品类等品类的商品销量与季节的变化息息相关，如果做FBA（亚马逊海外仓）海运，要在旺季之前两个月进行备货，规划运营店铺基础数据。跨境电子商务行业的旺季通常是每年9月至次年3月。

3. 市场容量

市场容量也叫作市场规模，是在一定时期内一个品类或行业在某个范围内的市场销售额。通过市场容量的分析，可以了解市场的大小，帮助经营者进入市场做好相应的准备。同时，由于市场容量随着行业发展阶段的变迁、季节周期变化（淡旺季）会发生动态调整，通过市场分析可提前做好应对准备。

细分行业市场容量可以三种方式进行搜集：①查看跨境电子商务平台后台数据看板，例如亚马逊后台的业务报告（business report）、全球速卖通生意参谋里面的市场大盘板块等。②使用跨境电子商务平台数据分析工具进行搜集和整理，例如卖家精灵可以通过子类目搜索汇总和分析一定时期内的销售数据。③可以通过进出口贸易查询平台进行搜集，例如联合国商品贸易统计数据库（UN Comtrade）、中国海关总署"海关统计数据在线查询平台"。

5.2.2 行业数据的挖掘

1. 行业数据采集渠道

从行业的角度研究商品品类，是将每个品类都建立在中国制造的产品面向海外销售的整个行业背景下。了解中国出口贸易中某个商品品类的市场规模和主要国家或地区分布，对于认识商品品类的运作空间和方向有着较大的指导意义。主要可以通过以下四种途径了解某个商品品类出口贸易情况。

（1）互联网数据。通过互联网采集行业数据，具体包括运用谷歌趋势、跨境电子商务平台后台看板、跨境电子商务平台数据分析工具、进出口贸易查询平台等方式采集行业发展阶段、季节周期性、市场容量等方面的数据。

（2）第三方研究机构或贸易平台发布的行业或区域市场调研报告。第三方研究机构或贸易平台具有独立的行业研究团队，这些机构具备全球化的研究视角和资源，因此它们发布的研究报告可以为卖家提供较为系统的行业信息。

目前公开发布行业研究报告的机构有以下几个。

① 行业分析报告——中国制造网、阿里巴巴国际站外贸知识库。

② 行业视频教程——敦煌网。

③ 外国人眼中的中国调查公司——环球企业家。

（3）行业展会。行业展会是行业中供应商为了展示新产品和技术、拓展渠道、促进销售、传播品牌而进行的一种宣传活动。参加展会可以获得行业最新动态和企业动向。卖家可以登录深圳会展中心官网和中国行业会展网官网查询展会相关信息。

（4）出口贸易公司或工厂。在开发产品时，需要与供应商进行直接的沟通。资质好、经验丰富的供应商对所在行业的出口情况和市场分布都很清楚，可以通过他们获得较多有价值的信息。

2. 影响行业数据的因素

由于行业之间在特征和结构方面有很大的差别，所以企业要进行行业竞争分析，必须首先从以下十五点把握行业中最主要的经济特性。

（1）市场规模：大市场的吸引力常能引起企业的兴趣，企业主认为这可以帮助他们在市场中占据稳固的竞争地位。

（2）竞争对手的数量及相对规模：具体分析行业是被众多小企业所细分，还是被几家大企业所垄断。

（3）是否到达消费者的分销渠道种类。

（4）生产能力利用率的高低是否在很大程度上决定企业能否获得成本生产效率，生产过剩时往往降低价格和利润率，而生产紧缺时则会提高价格和利润率。

（5）产品生产工艺革新和新产品技术变革的速度。

（6）市场增长速度：市场增长快会鼓励其他企业进入；市场增长缓慢会使市场竞争加剧，并使弱小的竞争对手出局。

（7）行业在成长周期中目前所处的阶段：分析是处于初始发展阶段、快速成长阶段、成熟阶段、停滞阶段，还是处于衰退阶段。

（8）消费者的数量及相对规模。

（9）竞争角逐的范围：市场是当地性的、区域性的，还是全国范围的。

（10）在整个供应链中，向前整合或向后整合的程度：在完全整合、部分整合和非整合企业之间往往会产生竞争差异及成本差异。

（11）竞争对手的产品服务是强差别化的、弱差别化的、无差别化的还是统一的。

（12）行业中的企业能否实现采购、制造、运输、营销或广告等方面的规模经济。

（13）行业中的某些活动是否有学习和经验效应方面的特色，从而导致单位成本会随累计产量的增长而降低。

（14）必要的资源以及进入和退出市场的难度：壁垒高往往可以保护现有企业，壁垒低则使得该行业易于被新进入者入侵。

（15）行业的盈利水平与同行业平均水平的对比：高利润行业吸引新进入者，行业环境萧条往往会加速竞争对手退出。

5.2.3　使用 Excel 进行市场行业趋势分析

跨境电子商务市场竞争日益激烈，每一个行业下都有众多卖家入驻，想要从中胜出，需要继续向下细分。通过对行业的细分，找到具体品类。以女装行业为例，女装的子行业众多，包括皮草、连衣裙、牛仔裤、衬衫等几十个。因此，经营女装行业的跨境电子商务卖家可以在众多的子行业中找到发展趋势好、市场容量大的子行业作为店铺经营商品的类目。

在进行子行业发展趋势分析时，卖家可以通过查看整个年度子行业支付金额在父行业的占比来进行分析；可以采用全球速卖通卖家后台工具生意参谋采集以上指标数据，整理后使用 Excel 进行数据透视分析。具体操作步骤如下。

（1）打开"第5章5.1数据源"文件，单击"插入"→"数据透视表"按钮，在弹出的"创建数据透视表"对话框中选中"请选择单元格区域"单选按钮，选择数据区域，然后选中"新工作表"单选按钮，单击"确定"按钮，如图5-3所示。

（2）在右侧的"数据透视表"对话框中，将"日期"拖至"行"标签，将"类目名"拖至"列"标签，将"支付金额在父行业占比"拖至"值"标签，如图5-4所示。

第 5 章　跨境电子商务市场数据分析

图 5-3　创建数据透视表

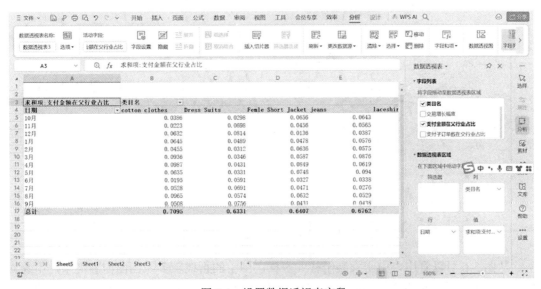

图 5-4　设置数据透视表字段

（3）单击"插入"→"数据透视图"按钮，在弹出的"图表"对话框中单击"折线图"按钮，如图 5-5 和图 5-6 所示。

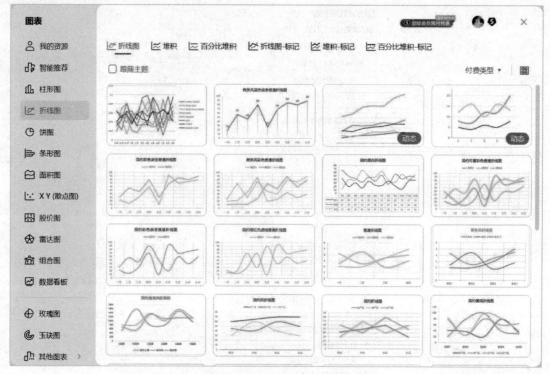

图 5-5　单击"折线图"按钮

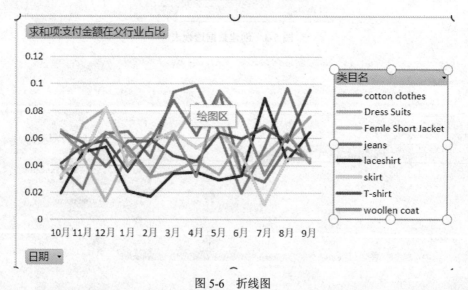

图 5-6　折线图

从图 5-6 可以看出，由于女装子行业多样，图中的折线较多，图面内容混杂，不易对比，为了更加准确地查看图表数据，这时可以通过插入切片器来切换查看单个子行业的发展趋势。

（4）单击"分析"→"插入切片器"按钮，在弹出的"插入切片器"对话框中，选中"类目名"复选框，如图 5-7 和图 5-8 所示。

第 5 章　跨境电子商务市场数据分析

图 5-7　单击"插入切片器"按钮

图 5-8　选择"类目名"选项

（5）在单击"切片"时，按住 Ctrl 键，同时单击其他切片，即可同时选中多个切片，如图 5-9 所示。

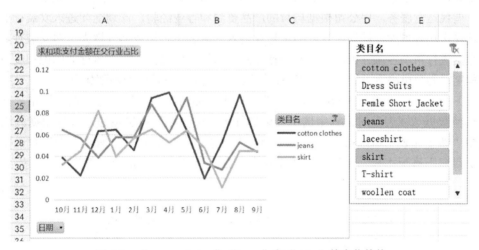

图 5-9　"cotton clothes"、"jeans"和"skirt"的变化趋势

通过创建数据透视图，使用切片器详细查看每一个女装子行业的变化趋势，为合理制订商品开发、上架和营销计划提供依据。

5.2.4　使用 Excel 进行行业市场容量分析

跨境电子商务企业在进入市场之前，需要对所进入行业和所选产品等进行前期调研、分析和规划,以全面了解行业的发展状况,选择潜力大和市场前景好的蓝海市场,避免进入红海市场或处于衰退期的行业。

1. 行业市场容量概述

选择产品类目的首要环节是要考虑市场容量。通常,我们选择的产品类目必须具有一定的市场容量,才能够保证其有充足的发展空间。在考虑市场容量时,还需要注意市场的竞争性,如果盲目地跟卖热销产品,可能会由于竞争过于激烈、市场空间拥挤导致利润增长不乐观。所以,巧妙地挖掘蓝海市场是理想的办法。

2. 行业市场容量分析的内容

行业市场容量分析主要包括以下环节。
(1)了解父行业下的子行业。以女装行业为例,女装行业下有连衣裙、牛仔裤、衬衫、女士套装、鲨鱼裤、夹克等子行业。
(2)采集子行业数据。通过生意参谋,可以对所有子行业的数据进行查询和分析,包括行业的市场容量、支付数据、供需指数等。
(3)分析子行业数据。采集数据并进行分析,可以了解所有子行业的优势。

3. 分析女装子行业市场容量

某公司是一家以经营女装产品为主的服饰类公司,目前帮助准备进入跨境电子商务的甲公司开展代运营服务。甲公司根据自身的产品资源和行业经验,计划继续进入女装行业,并从中选择市场容量大、销售前景好的子行业进入。某公司召集数据分析人员对女装行业海外市场数据进行市场容量分析,了解女装行业海外市场变化趋势,明确该行业的饱和度及市场集中程度,为公司决策提供支撑。市场行情数据的采集和分析操作步骤如下。

(1)打开"第 5 章 1.1 数据源"文件,单击"插入"→"数据透视表"按钮,在弹出的"创建数据透视表"对话框中选中"请选择单元格区域"单选按钮,选择数据区域,然后选中"新工作表"单选按钮,单击"确定"按钮,在右侧的"数据透视表"对话框中,将"类目名"拖至"行"标签,将"支付金额在父行业占比"拖至"值"标签,如图 5-10 所示。

类目名	求和项:支付金额在父行业占比
cotton clothes	0.7095
Dress Suits	0.6331
Femle Short Jacket	0.6407
jeans	0.6762
laceshirt	0.485
skirt	0.5844
T-shirt	0.679
woollen coat	0.6636
总计	5.0715

图 5-10 设置数据透视表字段

(2)单击"求和项:支付金额在父行业占比"中选择任意数据,在弹出的快捷菜单中选择"排序"→"降序"选项,并设置"值显示方式"为"总计的百分比",如图 5-11 和图 5-12 所示。

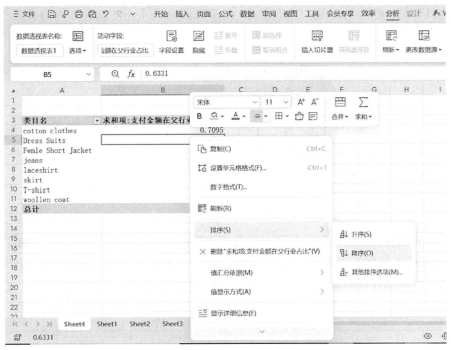

图 5-11 选择"降序"选项

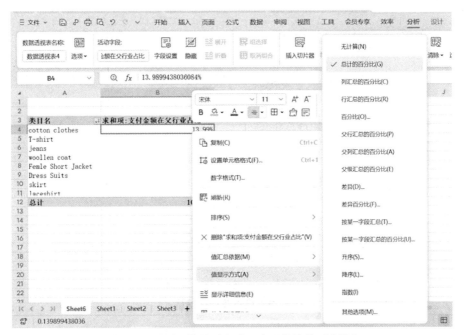

图 5-12 设置"值显示方式"为"总计的百分比"

（3）选择数据透视表中的任意数据，单击"插入"→"数据透视图"按钮，在弹出的"图表"对话框中选择"饼图"，即可完成数据透视图的创建，如图 5-13 所示。

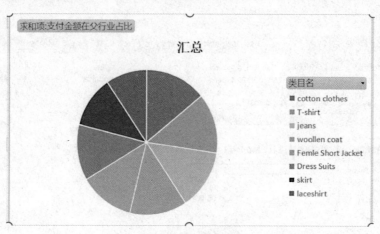

图 5-13　数据透视图的创建

（4）单击选择任意扇形图，在弹出的菜单选项中单击"添加数据标签"按钮，并设置数据标签格式，在标签中选中"类别名称""值""显示引导线"复选框，如图 5-14 所示。女装子行业支付金额在父行业占比如图 5-15 所示。

图 5-14　设置数据标签格式

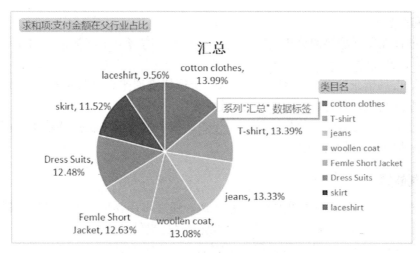

图 5-15　女装子行业支付金额在父行业占比

（5）单击"分析"→"插入切片器"按钮，在弹出的"插入切片器"对话框中，选择"日期"选项，即可按月查看女装行业 2023 年度各个子行业的市场容量情况，如图 5-16 所示。

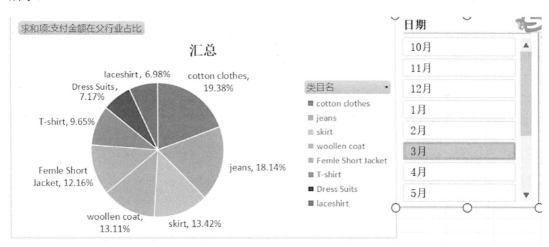

图 5-16　利用切片器查看女装子行业的市场容量情况

 复习思考题

一、填空题

1. 市场数据分析是指商家通过对市场情况进行_____，了解商品生命周期数据、市场品类容量数据、商品品类数据、竞争品牌和竞争商品数据、商品季节售卖周期数据等。

2. 通过市场数据分析，准确把握行业的_____，帮助跨境电子商务企业适时调整运营节奏和产品布局。

3. 通过行业发展趋势的分析判断,可以帮助进入跨境电子商务市场的新卖家找到具有潜力和有待开发的_____。

4. 分析市场需求变化趋势时,需要结合全球速卖通平台一段时间内的数据进行分析,重点观察分析搜索指数和_____两组数据。

5. 通过全球速卖通网站数据、_____、新闻、招商会以及扶持政策,侧面了解目前平台上的热门行业以及新兴行业。

二、判断题

1. 跨境电子商务市场规模的变化非常迅速,通过市场容量分析,可以了解整个行业的"天花板",为跨境电子商务企业制定市场发展目标提供参考。(   )

2. 市场容量是指一定的消费者在一定的地区、一定的时间、一定的市场营销环境和一定的市场营销计划下,对某种商品或服务愿意购买并且能够购买的数量。(   )

3. 行业研究报告是通过对特定行业长期跟踪监测,然后对行业整体情况和发展趋势进行分析,包括行业生命周期、行业趋势、成长空间、盈利空间等。(   )

4. 就某个行业而言,从产生到成长再到衰落的发展过程,就是行业生命周期的基本概念。一般可分为三个阶段:初创阶段、成熟阶段和衰退阶段。(   )

5. 行业展会是行业中供应商为了展示新产品和技术、拓展渠道、促进销售、传播品牌而进行的一种宣传活动。(   )

三、简答题

1. 简述市场数据分析的目的。
2. 简述市场数据分析的作用。
3. 简述市场数据分析的主要内容。
4. 简述市场数据的主要来源渠道。
5. 简述市场行业分析的主要内容。

第 6 章 跨境电子商务竞争数据分析

学习目标

- 了解竞争对手、竞品数据和竞争店铺数据的相关知识
- 掌握竞品数据的采集方法

技能目标

- 能够运用 Excel 对竞争对手核心指标进行分析
- 能够运用 Excel 对竞争对手流量来源进行分析

6.1 跨境电子商务竞争对手数据分析

"知己知彼，百战不殆。"因为竞争的存在，企业才有了生机和活力，因此，想要做好一个品牌，做好一个市场，需要经过无数次的市场调研，分析同行业卖家的经营状况，准确制订适合自己的详细的运营计划及经营策略，才能提升本企业在同行业中的地位，增强市场竞争力。

6.1.1 跨境电子商务竞争对手的认知

想要分析竞争对手，首先需要对竞争对手有一个清晰的认知，竞争对手常常是指生产经营与本企业提供的产品相似或可以替代的产品、以同一客户群体为目标的其他企业，即产品功能相似、目标市场相同的企业。

1. 分析竞争对手的重要性

当今，在各行业中新竞争对手的出现让市场陷入激烈的竞争当中，在这样一个市场环境下，把握竞争对手的动态、掌握市场的先机的企业才能在竞争中掌握主动权，因此对竞争对手的分析尤为重要，具体体现在以下两个方面。

（1）能充当企业的预警系统，跟踪本行业技术的变化、市场需求的变化以及现有竞争对手的行动，从而发现潜在的竞争对手。

（2）能支持企业的领导决策，为企业的市场竞争策略、进入新领域开发市场以及技术开发决策提供巨大帮助。

2. 竞争对手的识别

识别竞争对手可以从多个维度入手,如经营类目、产品关键词、产品销量、产品价格。

(1)通过经营类目识别竞争对手。相同经营类目下的产品在满足客户需求上具有替代作用,这意味着彼此间存在最直接的竞争关系。全球速卖通平台根据所属行业将产品划分为不同的经营类目,平台首页左边"All Categories"下有 16 个经营类目,如图 6-1 所示。因此,可以通过全球速卖通的经营类目及子类目,结合本店铺所售产品类目,快捷地找到同一类目下的其他产品和店铺,通常这些产品和店铺就是竞争对手。以婚纱礼服为例,单击类目"Women's Clothing"下的子类目"Dresses",所展示的产品和店铺就是初步确定的竞争对手。

图 6-1 全球速卖通平台经营类目

(2)通过产品关键词识别竞争对手。在全球速卖通平台上,通过搜索产品的关键词,找到与本店铺经营的子类目最相似的店铺,再通过添加更具体的产品属性使查找的竞争对手更为精确。首先,进入全球速卖通首页,在搜索框内输入"dresses"(裙子),可搜索到大量的裙子,接下来,还可以选择"Color"(颜色)、"Train"(下摆)、"Dress Fabric"(裙子面料)、"Dresses Length"(裙长)等产品属性,进一步缩小范围,精准识别竞争对手。

(3)通过产品销量和价格识别竞争对手。竞争对手要和本店铺及产品在同一起跑线上,这样的竞争对手对于跨境电子商务企业开展竞争数据分析才更有实际意义。因此,在全球速卖通平台上搜索出数目庞大的相关店铺之后,可以通过产品销量和价格进一步地选择缩小范围,找出与本店铺产品定位更为接近的店铺作为竞争对手。以裙子为例,在全球速卖通首页搜索"dresses"后,单击"Orders"按钮,将订单产品销量从高到低进行排序,可以找到那些比本产品销量略高的产品。和优秀的竞争对手相比,才有提高和优化的可能。还可以通过设置产品的价格范围进一步识别竞争对手。例如,本店铺主营的裙子价格在 90～160 美元，那么在全球速卖通搜索框下面"Price"（价格）区间输入"90～160"，将会在搜索婚纱礼服产品的基础上，根据价格进一步缩小范围。

3. 竞争对手分析步骤

找准竞争对手后，我们需要对竞争对手进行精准分析，在对竞争对手进行分析时，常常遵循以下五个步骤，如图 6-2 所示。

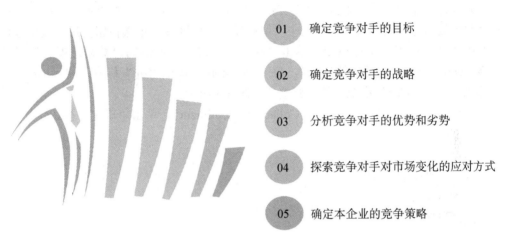

图 6-2　竞争对手分析的步骤

（1）确定竞争对手的目标。考虑竞争对手的目标主要考虑竞争对手的利润目标、市场定位、行为的驱动力以及目的等方面的内容。

所有的竞争者制订合适的行动方案的目的就是追求最大利润。但是，每个企业对短期利润和长期利润重视的程度、目标略有不同，采取的策略也会不同。因此，在进行竞争对手分析时，要了解竞争对手的目标及目标组合，从而分析出竞争对手对其目前状况是否满足，对不同竞争有什么样的反应。除此之外，企业还必须注意竞争对手对不同产品市场细分区域攻击的目标。

（2）确定竞争对手的战略。在大多数行业里都存在战略性群体，所谓战略性群体是指在竞争对手行业中被分成的几个追求不同策略的群体。将竞争对手精准定位于其所属的战略群体，会影响企业某些重要决策。

（3）分析竞争对手的优势和劣势。竞争者的优势会成为其能否实施其策略并完成其目标的重要因素，因此掌握竞争对手的优势可使本企业做好充分的应对准备。而在寻找竞争对手的劣势时，要注意发现竞争对手对市场或策略估计上的错误。

（4）探索竞争对手对市场变化的应对方式。产品降价、研发新产品、替代品的出现等都是竞争对手应对市场变化的方式。另外，竞争对手的企业文化、经营理念、品牌定位等也会影响各企业对市场变化的应对方式。

（5）确定本企业的竞争策略。为了制定适合本企业的竞争战略才会分析竞争对手。只有根据竞争对手的强弱、竞争对手的反应方式等，企业才能最终确定自己的竞争战略。

6.1.2 跨境电子商务竞争对手核心指标分析

通过收集本店与竞店（竞争对手）在"wireless"（无线）端的六项指标的表现情况，筛选出不同的核心指标数据，通过 Excel 的"数据透视表"功能对数据进行筛选，并通过图表使数据可视化，进而得出相关的数据分析结论，来分析判断本店与竞店的差距所在。具体操作步骤如下。

（1）打开"第六章 6.1 数据源 1"文件，单击"插入"→"数据透视表"按钮，在弹出的"创建数据透视表"对话框中选中"请选择单元格区域"单选按钮，选择数据区域，然后选中"新工作表"单选按钮，单击"确定"按钮，在右侧的"数据透视表"对话框中，将"core index"拖至"筛选器"，将"The store"拖至"列"标签，将"date"拖至"行"标签，将"index"拖至"值"标签，如图 6-3 所示。

（2）在筛选器中选择核心指标"Collect the sentiment"，单击"确定"按钮，如图 6-4 所示。

图 6-3 设置数据透视表字段

图 6-4 筛选字段

（3）同样的操作重复 6 次，每次可以筛选出不同的核心指标数据，如图 6-5 所示。

（4）选中数据区域，单击"插入"→"全部图表"下拉按钮，选择"全部图表"选项，在弹出的"图表"对话框中单击"折线图"按钮，如图 6-6 所示。

（5）同样的操作重复 6 次，可以得到 6 个核心数据的折线图，如图 6-7 所示。

（6）选中数据区域，单击"分析"→"插入切片器"按钮，在弹出的"插入切片器"对话框中选中"terminal"复选框，然后单击"确定"按钮，如图 6-8 所示。

第6章 跨境电子商务竞争数据分析

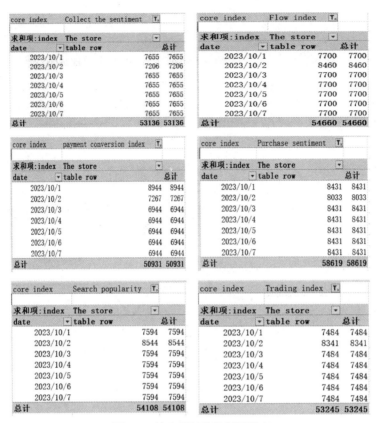

图 6-5 核心指标的数据透视表

图 6-6 插入折线图

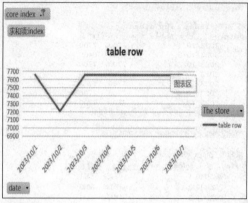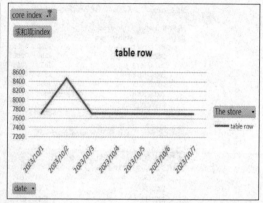
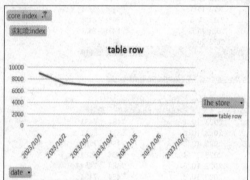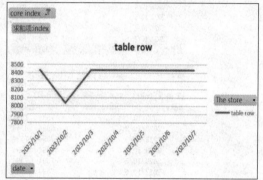
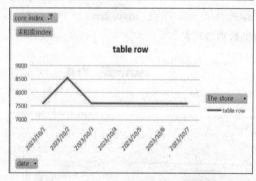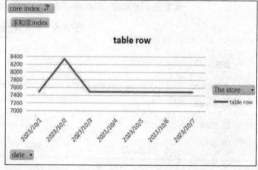

图 6-7 插入所有图表

图 6-8 "插入切片器"对话框

（7）选中切片器，单击鼠标右键，在弹出的快捷菜单中选择"报表连接"选项，如图 6-9 所示。

图 6-9　设置切片器与报表的连接

（8）选中全部数据透视表，单击"确定"按钮，自此可以用切片器查看其他店铺不同的核心指标数据在"wireless"端的表现情况。

（9）选中图表，单击"图表元素"按钮，选中"坐标轴""图表标题""图例"复选框，同时更改图表名称为"Collect the sentiment"，如图 6-10 所示（其余五个核心指标的图表优化步骤参照"Collect the sentiment"）。

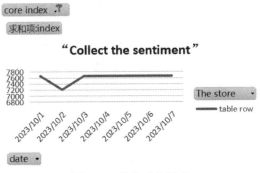

图 6-10　优化后的图表

不难看出本店的各项指标与竞店相比都有差距，值得注意的是竞店的"Collect the sentiment"指标和"Purchase sentiment"指标在 10 月 3 日上升时，本店的这两项指标并无明显变化。因此，竞店在 10 月 3 日前后进行的运营操作，如活动等，可进行适当学习和借鉴。

6.1.3 跨境电子商务竞争对手流量来源分析

收集 2023 年 9 月 1 日到 7 日，本店与竞店在"wireless"端的不同流量来源渠道的访客数的表现情况。通过 Excel 的"数据透视表"功能对数据进行筛选，并通过图表使数据可视化，进而得出相关的数据分析结论，来分析判断本店与竞店的流量来源渠道的差距。具体操作步骤如下。

（1）打开"第 6 章 6.1 数据源 2"文件，单击"插入"→"数据透视表"按钮，在弹出的"创建数据透视表"对话框中选中"请选择单元格区域"单选按钮，选择数据区域，然后选中"新工作表"单选按钮，单击"确定"按钮，在右侧的"数据透视表"对话框中，将"store"拖至"列"标签，将"source"拖至"行"标签，将"visitors"拖至"值"标签，如图 6-11 所示。

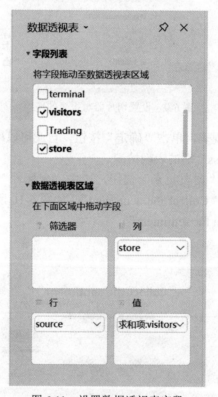

图 6-11　设置数据透视表字段

（2）选中数据区域，单击"插入"→"全部图表"下拉按钮，选择"全部图表"选项，在弹出的"图表"对话框中单击"条形图"按钮，如图 6-12 所示。

（3）单击"图表元素"按钮，选中"坐标轴""图表标题""网格线"和"图例"复选框，并将图表标题更改为"竞争对手流量来源分析"，如图 6-13 所示。

从图 6-13 中可看出，竞店"banner"渠道的访客较多，"search"渠道的访客几乎为 0。

第 6 章 跨境电子商务竞争数据分析

图 6-12 插入条形图

图 6-13 优化图像

6.2 跨境电子商务竞品数据分析

6.2.1 跨境电子商务竞品数据的认知

1. 竞品数据分析概述

竞品是指竞争对手的产品。竞品的分析就是对竞争对手的产品进行全方位的比较分析。商家可以通过搜索关键词寻找竞争产品，搜索其销量、价格、人气、转化率、客户评价等，这种方法虽然比较简单，但分析出的数据因不够精确而并不具有代表性。

2. 竞品数据分析的指标

竞品数据分析主要有七个指标，如表6-1所示。

表6-1 竞品数据分析的指标及要点说明

竞品数据分析的指标	要点说明
产品信息	产品信息通常包括商品详情页、畅销排行榜、好评产品、新品、变体等
产品毛利率	产品毛利率=(商品售价-亚马逊佣金-FBA运费)/产品售价×100%
月度留评率	月度留评率=月留评数增长值/该月销量
月度新增留评	即产品该月内新增留评数，增长数=月底留评数-月初留评数
月销量增长率	月销量增长率为本月相对于上月的增长百分比，如上月销量为1000，本月销量为1200，则增长率=(1200-1000)/1000=20%
上架时间	上架时间是一个产品生命周期的起点，对于一个新出现的细分行业（末级类目）来说，就是行业的诞生时间，一个行业会经历起步、成长、成熟和衰退阶段，可以从"时间+BSR/价格/销量"等推断出
配送方式	配送方式通常包括FBA（亚马逊海外仓）、FBM（自发货）以及AMZ（Amazon发货）。该指标可以评估市场竞争度，或是寻找可以自发货（不压货）的市场

3. 竞品数据分析的方法

竞品数据分析的方法包括以下四种。

（1）主观分析。这是一种接近于用户流程模拟的结论，如可以根据事实或者个人情感，列出对方门店的优缺点与自己所销产品的情况，或者竞品与自己产品的优势与不足。这种分析主要包括用户流程分析、产品的优势与劣势分析等。

（2）客观分析。客观分析是指从竞争对手或市场相关产品中，圈定一些需要考察的角度，得出真实的情况，此时，不需要加入任何个人的判断，应该用事实说话。客观分析主要是分析市场布局状况、产品数量、销售情况、操作情况、产品的详细功能等。

（3）竞争对手的促销调查与分析。竞争对手和周边门店的促销对商家的销售有着非常大的影响，这一点在今天的百货商场销售中显得尤为突出。曾经有两个相邻的定位相似的百货商场，在节日的促销战中，甲商场制定了"满 1000 元减 500 元，满 800 元减 400 元"的活动，乙商场听到这个消息以后马上制定对策——"满 600 元减 300 元，满 800 元减 400 元，满 1000 元减 500 元"的活动。在此次活动中，乙商场大获全胜，因为虽然其活动力度完全相同，但此时商场内的服装大部分吊牌价格却比甲商场要低一些，这让乙商场的活动更有优势。

（4）竞争对手的销售商品类别分析。竞争对手和周边门店的商品类别销售数据对商品的销售有非常重要的参考价值。如一家做时尚休闲服饰品牌的商店，商品经营类别广泛，而隔壁有一个定位与自己完全相符的专业牛仔品牌专卖店。这时其牛仔服饰销售数量肯定会受到冲击，那么在订货管理中就要避开与之相近的牛仔款式，而挑选与之有一定差异的牛仔款式，并减少牛仔服饰的订货量。

当然，这里所说的订货管理的订货量减少是指订货数量，而不是款式数量，如果减少了款式数量，就会让整体的陈列和搭配不合理，从而影响整体门店陈列形象。只有充分发挥自身的品牌优势，只有避开对手，才能在激烈的市场竞争中处于更强的地位。

所以，在经营过程中，商家对于促销手段的调查内容应该进行合理的分析，同时应该注意扬长避短，发挥自己的优势，最终达到最佳效果。

6.2.2　跨境电子商务竞品数据的采集方法

搜集竞品的方法主要包括线上和线下两大途径。线下途径包括购买数据报告、委托专业机构调研、自行市场调查等传统方式，这些方式费时费力又费钱，对于普通的中小规模跨境电子商务企业而言不太实际。因此，采取线上途径搜集竞品数据就成为普遍的采集方式，线上数据采集的方法包括跨境电子商务平台前台数据采集、跨境电子商务平台后台数据采集、第三方软件采集。

1. 跨境电子商务平台前台数据采集

可以通过人工采集或者专业分析软件采集竞品的数据。

2. 跨境电子商务平台后台数据采集

跨境电子商务平台后台通常会提供竞争商品数据监控模块或市场行情模块，可以采集竞品数据。例如全球速卖通后台生意参谋的"市场行情"模块下的"竞争商品"，可以采集 120 个竞争对手商品的行业排名、搜索人气、流量指数、收藏人气、加购人气、支付转化指数和交易指数的变化，实现对竞争商品数据监控，同时也可以对本店商品进行数据的对比分析。

3. 第三方软件采集

针对不同的跨境电子商务平台，可以采用专业第三方软件进行竞品数据采集。例如，可以通过卖家精灵软件的选品精灵模块下的"查竞品"功能，抓取亚马逊竞品数据，如图 6-14 所示的操作示范，此处不再赘述。

跨境电子商务数据分析与应用

图 6-14 卖家精灵的"查竞品"功能

6.2.3 利用 Excel 进行跨境电子商务竞品数据分析

（1）打开"第 6 章 6.2 数据源"，在数据列表 B 列单击鼠标右键，点击插入列，然后在 B1 单元格中输入"星期"，然后选中 B2:B31 单元格区域，在公式编辑栏中输入"=TEXT(A2,"AAAA")"，按 Ctrl+Enter 快捷键确认，结果如图 6-15 所示。

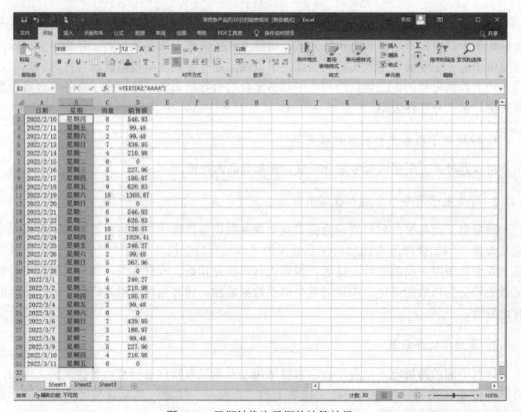

图 6-15 日期转换为星期的计算结果

(2)根据现有数据,在新的工作表中单击"插入"→"数据透视表"按钮,将"星期"字段添加到"行"标签,将"销量""销售额"字段添加到"值"标签,如图 6-16 所示,然后调整"行标签"的显示顺序,如图 6-17 所示。

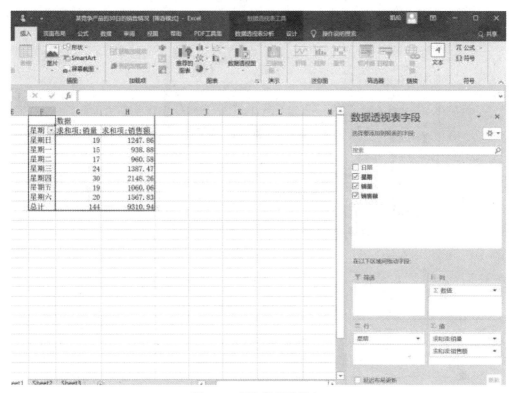

图 6-16 添加数据透视表

星期	求和项:销量	求和项:销售额
星期一	15	938.88
星期二	17	960.58
星期三	24	1387.47
星期四	30	2148.26
星期五	19	1060.06
星期六	20	1567.83
星期日	19	1247.86
总计	144	9310.94

图 6-17 行标签顺序的调整

(3)单击"插入"→"数据透视图"按钮,在弹出的"图表"对话框中单击"组合图"按钮,在"求和项:销量"对应的"图表类型"下拉列表框中选择"折线图"选项,然后在"求和项:销售额"对应的"图表类型"中选择"簇状柱形图"选项,选中"次坐标轴"复选框,然后单击"确定"按钮,如图 6-18 所示。

(4)右击柱形图销售额部分,在弹出的快捷菜单中选择"添加数据标签"选项,如图 6-19 所示。

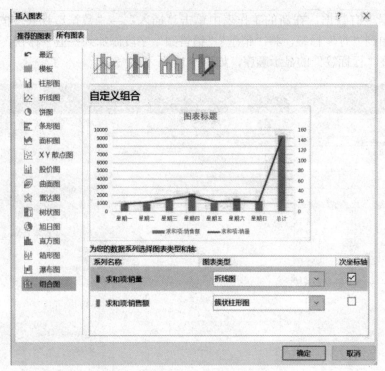

图 6-18　销量与销售额的组合图

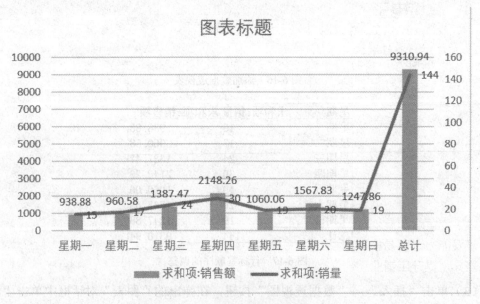

图 6-19　销售额数据标签的添加设置

（5）选择销量对应的一组数据标签，将其设置为红色字体，如图 6-20 所示。

从图中可以清晰地看出，该竞争产品在周一和周二的销售情况不理想，销售的高峰期在星期四和星期六，整体来看，一周的销售情况较为平稳。

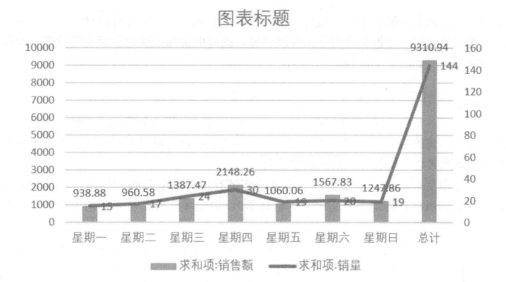

图 6-20 销量数据标签的添加设置

6.3 跨境电子商务竞争店铺数据分析

6.3.1 跨境电子商务竞争店铺数据的认知

1. 竞争店铺分析概述

竞争店铺是指竞争对手的店铺。竞争店铺分析就是对竞争对手店铺的各经营环节进行全方位的比较分析。竞争店铺搜索的方式有很多种，按照关键词、目标人群、产品、价格、所在地、营销活动、视觉拍摄等维度，都可以查找出竞争店铺。

2. 竞争店铺数据分析的内容

竞争店铺数据分析的内容主要包括竞争店铺属性分析、商品类目分析和销售数据分析。

（1）竞争店铺属性分析。竞争店铺的属性数据主要包括公司简介、生产能力、质量控制、研发能力、贸易能力和工厂检测报告等指标。通过选取与企业相近的竞争店铺，可以找出差异，提升店铺业绩。

（2）商品类目分析。店铺的类目结构不仅影响销售业绩，而且影响店铺抵御风险的能力。在分析店铺商品类目时，需要了解自身店铺和竞争店铺在类目布局和类目销售额上的差距，并据此进行品类布局的优化和提升。

（3）销售数据分析。采集竞争店铺统计周期内的销售数据，并分析销量趋势，进一步找出店铺之间的差距。通过对竞争对手的分析，企业能够了解整个行业的竞争格局，能够对整个行业目前的竞争激烈程度及未来的走势进行分析和预判。企业应该在分析整个行业竞争格局的基础上，把竞争对手进行分层，在之后的运营中，向行业标杆学习，并进一步锁定直接竞争对手，分析竞争对手的发展目标、拥有的资源、能力和当前的策略，取长补短，最终形成自己的竞争优势。

3. 竞争店铺的分析维度

（1）通过对竞争店铺运营情况进行分析，商家可以了解竞争店铺的基础运营数据，主要包括竞争店铺的拍摄方式、详情页设计制作方式、店铺类目分类构成、店铺营销方案、单品营销方案设置、优惠券、满减折扣设置。

通过抓取店铺品牌，商家可以了解竞争店铺有没有原创品牌、店铺是不是多品牌销售，以及店铺风格、店铺人群定位（人群标签）、店铺属性数据（商品适用季节、适用场景、基础风格）等。

通过获取店铺价格、店铺销量、店铺排行情况，商家可以了解竞争店铺商品整体的销量，从而抓取核心商品进行数据对比分析。

（2）竞争店铺的宏观维度主要是基于竞争店铺基本信息页面展示的数据汇总后的信息，包括店铺类型、信用等级、店铺粉丝数量、主营类目、商品数和宝贝数、销量、销售额、平均成交价、开店时间、滞销商品数和滞销宝贝数、动销率、好评率、DSR（服务动态评分）。

4. 竞争店铺数据分析指标

（1）商家星等级。商家星等级是根据平台商家信息展示、沟通服务、交易转化、履约保障四大能力项来综合评判分层体系，一共包括一星、二星、三星三个等级。一星：四项能力项至少都达到一星；60～69 分。二星：四项能力项至少都达到二星；70～79 分。三星：四项能力项全都达到三星；80 分及以上。

四大能力项下一共包括十三个算分子项。四大能力项得分根据各子项指标系数综合计算而得。各分子项指标值越高，四大能力项分数越高。具体的算分子项如图 6-21 所示。

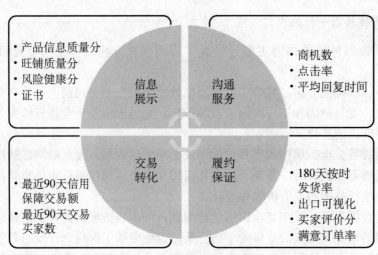

图 6-21　阿里巴巴国际站商家星等级评价指标

四大能力项下的子项及定义如下。

① 产品信息质量分：店铺所有商品的信息质量平均得分，从图片质量、文本质量、交易物流信息及其他维度对商品信息进行整体评估并给出分值。

② 旺铺质量分：根据最近 30 天店铺访问时长、店铺访问深度、是否有旺铺视频、是否有无线旺铺视频、产品视频在店铺内产品的覆盖率、旺铺视频有效播放数、旺铺视频平均播放时间、产品视频有效播放次数综合计算。

③ 风险健康分：根据店铺最近 90 天内在网站发生违规扣分、违规频次、严重程度的综合打分。违规来源包括虚假交易、知识产权、禁限售、贸易纠纷、图片盗用、滥发信息等。

④ 证书：在"MY Alibaba-店铺管理-管理公司信息"中上传并验证通过的证书会算分，系统会根据证书数量和权重综合计算得分。算分的证书类型包括企业体系类认证证书（如 ISO 系列）、产品认证证书（CE、ULL 证书等）、商标证书（自有商标）以及专利证书。

⑤ 商机数：最近 30 天针对产品信息和公司信息发送的有效询盘数和 RFQ（报价请求）报价量。

⑥ 点击率：最近 30 天内，您的产品信息或公司信息在搜索结果列表页或类目浏览列表等页面被买家点击的次数/被买家看到的次数，即点击/曝光。

⑦ 平均回复时间：7 天内买家发来的所有有效询盘的平均回复时间，以小时为单位计算并进行四舍五入。

⑧ 最近 90 天信用保障交易额：最近 90 天匹配到账的信用保障订单金额（剔除虚假交易订单）。

⑨ 最近 90 天交易买家数：最近 90 天匹配到账的信用保障订单买家数（剔除虚假交易订单）。

⑩ 出口可视化：180 天内发货的信保订单，出口关键环节（海关申报完成、物流离境等）在线可视（一达通出口和阿里巴巴官方物流可获得更高分数）。

⑪ 180 天按时发货率：最近 180 天内，按时发货且未取消的订单数/(统计周期内的所有订单数-已取消的订单数-未到约定发货时间的订单数)。

⑫ 买家评价分：根据买家在交易完成后对供应商的产品质量、卖家服务、按时发货三个维度的所有历史打分取平均得分。

⑬ 满意订单率：指的是 180 天匹配到账且未升级仲裁的订单/180 天匹配到账的信用保障订单。

（2）店铺数据概览指标。在数据概览页面中，可直观查看店铺运营数据的五个指标，分别是店铺访问人数、店铺访问次数、询盘个数、TM 咨询人数、店铺转化率。

数据概览页面中的各数据指标含义解释如下。

① 店铺访问人数：访问商家全球旺铺页面及产品详情页面的用户均被记为访客（当日去重，隔日不去重）。

② 店铺访问次数：即访问商家店铺页面及产品详情页的点击总数。

③ 询盘个数：即在商家页面及产品详情页面中卖家收到的询盘数，包括买家针对商家的产品信息和公司信息发送的所有有效询盘，不包括系统垃圾询盘、TM 咨询等。

④ TM 咨询人数：即通过 Trade Manager 与商家联系的买家数（当日去重，包括全部终端、全部国家）。

⑤ 店铺转化率：店铺转化率=(店铺 TM 咨询客户数+店铺反馈客户数)/店铺访客数。

（3）运营数据指标（阿里巴巴数据管家）。在数据管家的数据运营统计页面可以看到店铺运营的关键指标，如店铺访问人数、店铺访问次数、搜索曝光次数、搜索点击次数、询盘人数、询盘个数、TM 咨询人数、信保交易订单个数、信保交易金额。

① 搜索曝光次数：产品信息或公司信息在搜索结果列表页或类目浏览列表等页面被买家看到的次数。当搜索结果页面一页展示 20 个商品（供应商）时，若买家停留在该页面，则此页面上的所有产品（供应商）的曝光量计为 1 次。

② 搜索点击次数：产品信息或公司信息在搜索结果列表页或按照类目浏览列表等页面被买家点击的次数。如果买家通过 A 产品进入卖家的旺铺页面点击 B 产品，则这时 A 产品同时计算点击数和访客数，B 产品不计算点击数，只计算访客数。

③ 询盘人数：在供应商店铺页面，对卖家成功发起有效询盘的买家数量。

④ 信保交易订单个数：买家完成确认并付款的信保订单数量。

⑤ 信保交易金额：挂账状态下的信保订单总金额。

5. 竞争店铺识别

（1）通过关键词搜索识别竞争店铺。在阿里巴巴国际站买家页面中搜索经营品类相似的卖家，还可以根据店铺宝贝的属性进一步精确竞争对手。例如，在买家页面搜索框中输入"electric toothbrush"，可以搜索到供应商，如图 6-22 所示。

图 6-22　阿里巴巴国际站"electric toothbrush"搜索结果

(2)根据供应商类型识别竞争对手。在阿里巴巴国际站买家页面中,通过店铺标志"Trade Assurance"与"Verified Supplier"来进行筛选,挑选出与本企业类型接近的企业作为竞争对手。

(3)通过最小订单量(min. order)及商品单价(price)识别竞争对手。在阿里巴巴国际站买家页面中,以最小订单量与商品单价为维度搜索相关产品(product),之后找到其店铺商品所在的排位,圈定最小订单量或商品单价最接近的店铺作为竞争对手。

6.3.2 利用 Excel 进行跨境电子商务竞争店铺数据分析

(1)打开"第 6 章 6.3 数据源",此数据为店侦探导出的竞争店铺所有商品的相关数据,单击空白处,单击"插入"→"数据透视表"按钮,将"二级类目"设置在"行"标签,将"序号"设置在"值"标签,单击添加的"序号"字段,在弹出的下拉列表中单击"值字段设置"按钮。打开"值字段",设置计数类型为"计数项",单击"确定"按钮,如图 6-23 所示。

二级类目	三级类目	客单价	销量	销售额			求和项:销量	
							二级类目	汇总
裤子		239	30	7170			T恤	270
裤子		239	20	4780			半身裙	28
裤子		269	5	1345			衬衫	84
裤子		199	13	2587			风衣	22
针织衫		158	18	2844			裤子	68
T恤		139	20	2780			连衣裙	111
T恤		199	50	9950			毛衣	4
T恤		79	60	4740			西装外套	10
衬衫		399	49	19551			针织衫	21
T恤		169	60	10140			总计	618
针织衫		699	3	2097				
毛衣		249	4	996				
西装外套		598	10	5980				
风衣		1280	3	3840				
风衣		898	19	17062				
衬衫		626	35	21910				
连衣裙		359	48	17232				
连衣裙		159	63	10017				
T恤		79	80	6320				
半身裙		159	28	4452				

图 6-23　添加并设置字段

(2)选择数据透视表的任意数据,单击"插入"→"数据透视图"按钮,在弹出的"图表"对话框中单击"饼图"按钮,选择样式 2,单击"确定"按钮,并选择布局 4 的样式,适当增加宽度和高度,如图 6-24 所示。

(3)双击透视图上任一组数据标签,设置数据标签格式,选中"类别名称""值""百分比""显示引导线"复选框,在"分隔符"下拉列表框中选择"新文本行"选项,选中"数据标签外"单选按钮,如图 6-25 所示。

(4)在饼图上单击鼠标右键,在弹出的快捷键菜单中选择"排序"→"降序"选项,将数据从高到低排列,以此分析在该店铺中经营较多的类目,如 T 恤、裤子分别占到了 25%、20%,如图 6-26 所示。

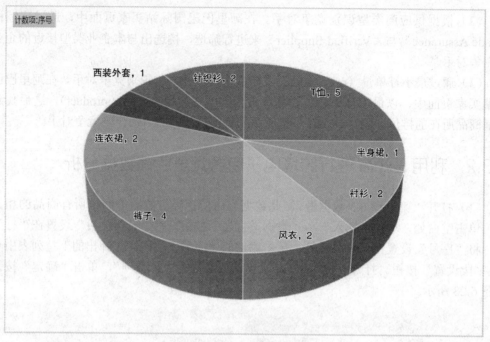

图 6-24 数据透视图的创建

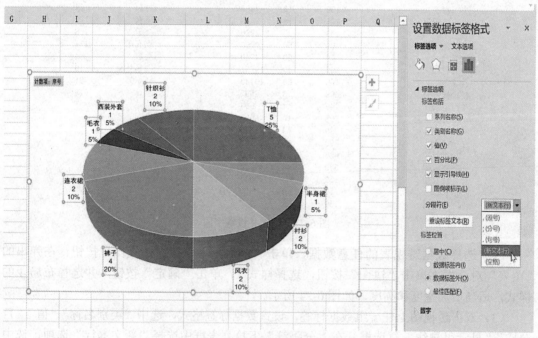

图 6-25 数据标签的设置

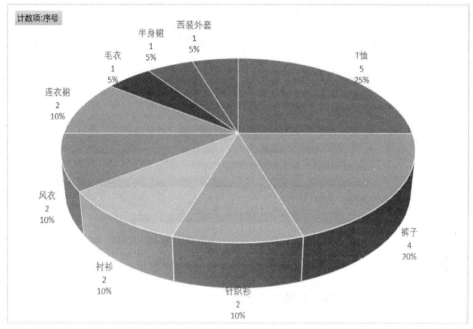

图 6-26 排序后的饼形图

（5）删除数据透视图，将"序号"字段删除，将"销量"添加至"值"标签。然后以现有的数据透视表为源数据创建条形图，并选定第一种类型，在设计选项中选择样式 9，删除图表标题和图例，如图 6-27 所示。

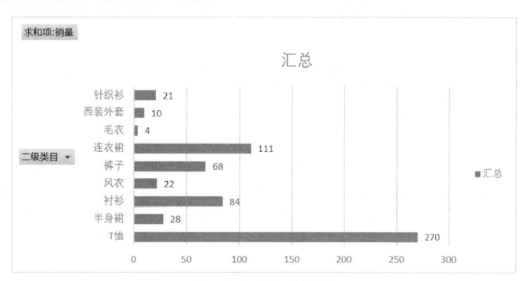

图 6-27 各品类汇总条形图

（6）删除数据透视图，并将值字段的"销量"字段删除，将"销售额"添加到"值"标签中，单击"销售额字段"，设置值字段计数项为求和项，并以新设置的数据透视表为来源，创建条形图，同上述操作步骤，选择样式 9，如图 6-28 所示。

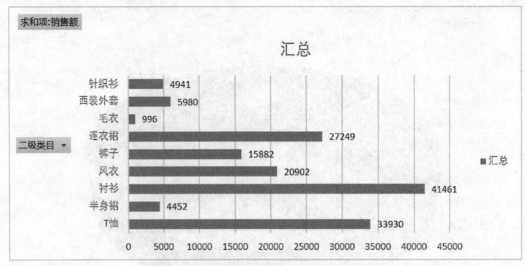

图 6-28 竞争对手各类商品销售额的条形图

（7）同样的操作方法，将数据透视表的值字段设置为"平均值项：客单价"，创建客单价的条形图，如图 6-29 所示。

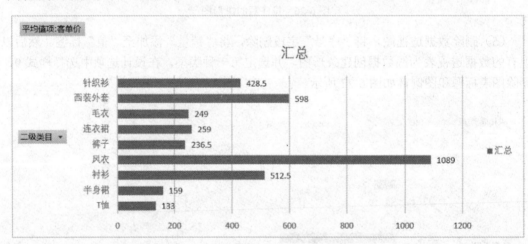

图 6-29 竞争对手各类商品的客单价条形图

根据创建的数据透视图可以清晰地看出该竞争店铺各类目商品的平均客单价，从而推测出该竞争店铺的目标人群，以此为参照，如果自己的店铺目标消费水平更高，则可使售价高于竞争店铺；反之，则需要低于竞争店铺。

复习思考题

一、填空题

1. 竞争者的_____会成为竞争者能否实施其策略并完成其目标的重要因素。

2. 产品该月内新增留评数，增长数=_____-月初留评数。

3. 跨境电子商务平台后台通常会提供竞品数据监控模块或_____，可以采集竞品数据。

4. 通过对竞争对手的分析，企业能够了解整个行业的竞争格局，能够对整个行业目前的竞争激烈程度及未来的走势进行分析和_____。

5. 商家星等级是根据平台商家信息展示、_____、交易转化、履约保障四大能力项综合评判分层体系。

二、判断题

1. 竞品的分析就是对竞争对手的产品进行全方位的比较分析。（   ）
2. 产品毛利率=(商品售价−亚马逊佣金−FBA 运费)/商品售价×100%。（   ）
3. 竞争对手和周边门店的商品类别销售数据对商品的销售没有参考价值。（   ）
4. 竞争店铺的属性数据主要包括公司简介、生产能力、质量控制、研发能力、贸易能力和工厂检测报告等指标。（   ）
5. 在数据概览页面中，可直观查看店铺运营数据的五个指标，分别是店铺访问人数、店铺访问次数、店铺转化率、询盘个数、TM 咨询人数。（   ）

三、简答题

1. 如何识别竞争对手？
2. 简述竞争对手分析的步骤。
3. 简述竞品数据分析的指标。
4. 简述竞品数据分析的方法。
5. 简述竞品数据线下采集的方法。

第 7 章　跨境电子商务数据化选品

学习目标

- 了解跨境电子商务数据化选品的思路
- 熟悉跨境电子商务数据化选品的要点
- 掌握跨境电子商务数据化选品的方法
- 掌握跨境电子商务国外创新选品的方式

技能目标

- 能够运用跨境电子商务数据化选品策略进行选品
- 能够在跨境电子商务主流平台上进行选品

7.1　跨境电子商务数据化选品概述

7.1.1　跨境电子商务数据化选品的管理

近年来，跨境电子商务成了各界关注的焦点，国家给跨境电子商务的发展提供了很好的政策支持。我国制造业拥有丰富的产品线、低廉的价格等天然的优势，但是面对如此多的产品，如何选择符合境外客户需求的产品就成了难题。

从市场角色关系来看，选品即选品人员从供应市场中选择适合目标市场需求的产品。从这个角度看，选品人员一方面要把握客户需求，另一方面要从众多供应市场中选出质量、价格和外观最符合目标市场需求的产品。成功的选品最终能实现供应商、客户、选品人员三者的共赢。

从客户需求的角度来看，选品要满足客户对某种效用的需求，如使生活便利、满足虚荣心、消除痛苦等方面的心理或生理需求。

从产品的角度来看，选品在外观、质量和价格等方面要符合目标客户的需求。由于需求和供应都处于不断变化之中，选品也是一个无休止的过程。

7.1.2　跨境电子商务数据化选品的思路

跨境电子商务数据化选品是指选品人员在把握网站定位的前提下，研究需要开发产品

第7章 跨境电子商务数据化选品

的行业所处情况,获得对供需市场的整体认识;借助数据分析工具,进一步把握目标市场的消费规律,并选择正确的参考网站,结合供应市场的实际情况,进行有目的的产品选择的过程。跨境电子商务数据化选品的思路主要包括以下四个。

1. 网站定位

网站定位是指明确网站的目标市场或目标消费群体。通过对网站定位的理解和把握,选品人员要对选择的产品进行研究分析,以挑选合适的产品。

网站综合性定位对产品集成的要求主要体现在两个方面,如表7-1所示。

表7-1 网站综合性定位对产品集成的要求

体现方面	要 求
宽度方面	拓展品类开发的维度,全面满足用户对某一类别产品的不同方面的需求,在拓宽品类宽度的同时,提升品类的专业度。开发产品时,应考虑该品类与其他品类之间的关联性,提高关联销售度和订单产品数
深度方面	每个子类的产品数量要有规模,品类要足够丰富;产品要有梯度,体现在品质、价格等方面;要挖掘品牌产品进行合作,提高品类的口碑和知名度;要对目标市场进行细分研究,开发针对每个目标市场的产品

2. 行业动态分析

从行业的角度研究品类,了解我国出口贸易中该品类的市场规模和国家分布,对于认识品类的运作空间和方向有较大的指导意义。

目前,了解出口贸易情况的途径主要有三种,如表7-2所示。

表7-2 了解出口贸易情况的途径及要点说明

途 径	要点说明
第三方研究机构或贸易平台发布的行业或区域市场调查报告	第三方研究机构或贸易平台具备独立的行业研究团队,这些研究机构或贸易平台具备全球化的研究视角和资源,因此,它们发布的市场调查报告往往可以带来较系统的行业信息
行业展会	行业展会是行业供应商为了展示新产品和技术、拓展渠道、促进销售、传播品牌而进行的一种宣传活动。参加行业展会可以获得行业的最新动态和企业动向
供应商	选品人员在选择产品时,需要与供应商直接进行沟通。经验较丰富的供应商对其所在行业的出口情况和市场分布都很清楚,通过他们,选品人员可以获得较多有价值的市场信息。需要注意的是,选品人员需要先掌握一定的行业知识后再与供应商进行沟通

3. 区域化客户需求分析

结合网站定位,并借助第三方信息(研究报告、行业展会等)及网络分析工具,进行区域化客户需求分析。

4. 数据分析工具

从数据来源看,数据分为外部数据和内部数据。外部数据是指在企业以外的其他企业、市场等的运行过程中产生的数据。内部数据是指在企业内部的经营过程中产生的数据信息。选品人员要想做出科学、正确的选品决策，需要对外部数据和内部数据进行充分的调研和分析，数据分析的思路和方法如表 7-3 所示。

表 7-3 数据分析的思路和方法

数据分析的类型	思 路	方 法
外部数据分析	灵活综合运用各个分析工具，全面掌握品类选择的数据依据	通过谷歌趋势（Google Trends）工具分析品类的周期性特点，把握产品开发先机；借助关键词搜索（KeywordSpy）工具发现品类搜索热度和品类关键词，同时借助 Aexa 工具，选择至少 3 家竞争对手的网站，作为对目标市场产品分析和选择的参考
内部数据分析	内部数据是已上架的产品的销售信息，是选品成功与否的验证，也可用于指导以后的选品工作	通过 GA 分析工具获得已上架产品的销售信息（流量、转化率、跳出率、客单价等），分析哪些产品销量高，从选品成功和失败的案例中逐步积累选品经验，结合外部数据，一步步成为选品高手

7.1.3 跨境电子商务数据化选品的要点

跨境电子商务数据化选品主要有确定产品线、确定目标客户群、寻找独一无二的产品、关注税改和正面清单四个要点，如图 7-1 所示。

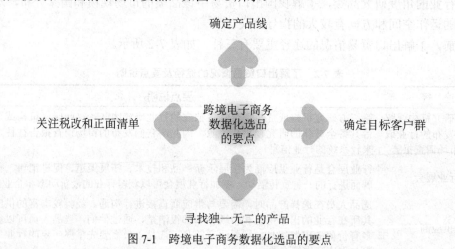

图 7-1 跨境电子商务数据化选品的要点

1. 确定产品线

开展跨境进口零售产品销售的前提是必须有现货，而且必须有稳定的货源，而不是等客户下单了才找货。在有现货的基础上，建立自己的产品线就是头等大事。产品线的设置会对卖家的目标客户群、销售渠道、竞争对手、企业成本和跨境进口平台（公司）的盈利能力等产生影响。

产品线是平台生存的关键。只有能给平台带来利润的产品，才是值得放在平台上销售的产品。

在组建产品线时，可以简单参考这样的比例标准：2%的引流产品，20%的高利润产品，也就是核心产品，其他都是常态产品（补充性SKU）。当然，产品线的建立也不是一步到位的，要根据平台的销售情况不断调整优化，才能形成完善的产品线。这期间，平台会更加了解产品的行业情况，了解竞争对手在这些品类上的动态，关注对手的SKU变化、价格变化，从而保持竞争力。更重要的是，平台可以对行业和店铺的热销品牌、产品和飙升品牌、产品进行综合对比分析，找到合适的供应商。品牌是重要因素，好的品牌可以带来更高的销量和关注度，甚至还可以带动店铺内其他品牌、单品的销售。所以，不能忽视品牌的重要性。若想提高销量，就要紧盯热门品牌和单品。若要选择稳定款和利润款产品，可以多关注一些冷门品牌和长尾非标单品。

2. 确定目标客户群

产品线建立好之后，卖家要了解目标客户群，了解他们的消费特点，了解他们喜欢什么品牌，以及这些品牌在该市场中的占有率，同时也需要了解竞争对手如何布局同类产品线。另外，还必须了解目标客户群的地域差异、性别差异、年龄差异、收入差异等。艾瑞调查报告显示，热衷于海淘的客户中有66.6%是男性，对比女性客户，他们主要通过导购网站了解海淘，同时其海淘的频率比女性客户更高、月均消费比女性客户更多。而女性客户主要通过亲友的推荐来了解海淘，后续更愿意购买个护化妆品和母婴用品。

3. 寻找独一无二的产品

以精细化、差异化为出发点，寻找独一无二的产品。美国、日本、韩国等有很多性价比非常高的长尾非标产品，都是不错的选择，虽然这些产品目前在国内名气很小，甚至不为人所知，但选品人员在选品时一定要有前瞻性，要研究未来1~3年哪些产品可能会热销，哪些产品可能会进入销售生命周期的高峰，如个性化定制的产品在未来会有长远的发展。所以，选品人员必须想办法做到差异化、精细化。选品的过程越用心，平台将来面临的竞争就越小。

无论是跨境进口平台，还是第三方平台，都不应该盲目地只做关键词调研，或只在搜索引擎上观察市场竞争情况，而应该仔细了解所有的竞争者。

4. 关注税改和正面清单

近几年，跨境电子商务除进口热门产品外，也进口奶粉、尿不湿、低价位的日韩化妆品。因为这些产品的税率合适，重复消费率高，是能拉动销量的单品，也存在较大的利润空间。

税改政策的出台将引起新一轮跨境领域的消费升级，跨境电子商务选品将从低价转向高价，爆款难再出现，长尾非标产品将大受欢迎。

7.1.4 跨境电子商务数据化选品的方法

跨境电子商务数据化选品的方法主要有根据资源定位选品、根据平台模式选品、根据客户需求选品、根据竞争情况选品和根据客户端选品，如图7-2所示。

图7-2 跨境电子商务数据化选品的方法

1. 根据资源定位选品

对于绝大多数跨境进口电子商务的卖家来说，最难解决的就是"我要卖什么产品"。销量高的产品，竞争店铺太多；价格高的产品，销量又上不去；太小众的产品，又怕没有客户。实际上，卖家在选品时，首先要对自己有清晰的认知，即了解自身掌握的资源。如果有雄厚的资金，就可以大批量采购工厂产品；如果是中小卖家，就尽可能选择自己熟悉的产品，或者有良好货源的产品。还有，公司在资源储备方面是否有优势，如要销售母婴类产品，公司有没有母婴产品的经营经验，公司的主要负责人有没有相关的从业经验。另外，卖家要从影响买家购买的因素考虑，即物流速度、价格、服务和产品质量，因为产品的选择直接决定着价格、物流、服务等方面。

2. 根据平台模式选品

选择何种产品，在不同的平台中会有所区别，这与平台的特点及规则有一定关系。以供应链见长的企业，其布局较早，在产品选择、销售上更具优势，这类平台如考拉海购，主做精品。以流量见长的企业，平台的流量很多，可以将客户流量较多地转变为购买力，这类平台如京东、淘宝全球购，其卖家的选品广度、深度、宽度都比较大。帮助客户发现产品的平台，如洋码头和小红书，则通过客户在社区中反馈的需求来精准选品。因此应根据平台模式选品，从而决定产品线的宽度和深度。

3. 根据客户需求选品

跨境进口零售B2C（企业与客户）或者海淘C2C（个人与个人）的模式都以客户的个性化需求为核心。之前，几乎所有跨境进口电商都存在同样一种情况：客户并不能指引卖家，而是卖家指引客户。

艾瑞调查报告显示，大多数跨境网购客户有购买需求，但过半客户无明确的购买目标，需要市场进一步培育和引导。此外，客户访问网站也具有一定的针对性，通过自主搜索、直接输入网址、从个人收藏夹访问等方式访问网站的比例比较高。

客户在跨境网购时选择的产品具有明显的趋向性，个护化妆品、母婴用品、食品和保健品等对安全和品质有较高要求的品类是他们的最爱。目前跨境网购整体仍然处于发展的早中期，消费频率低于整体网购水平，但随着第三方支付渠道——支付宝和 PayPal 的普及与完善，如何支付已经不再是跨境网购的痛点。

4. 根据竞争情况选品

知道客户需求以后，还需要评估市场竞争情况，有以下两个方面需要考虑。

（1）从产品本身来看，产品是否具备竞争力。竞争对手的平台如何，是否能够提供更好的购物体验，是否能够提供更广的选择范围，定价是否有竞争力，物流情况如何，在选择某个品类的产品之前，需要仔细考虑上述问题。如果不能提供有力的理由说服客户，那就没有竞争力。

（2）从搜索引擎的角度来看，现在跨境进口零售独立平台主要靠搜索引擎引流，甚至客户搜索某个具体跨境产品时被搜索引擎引导到竞争对手的平台上，因此卖家需要从 SEO（搜索引擎优化）的角度了解竞争对手的平台是否具有较大优势、自己的平台能否出现在搜索结果的第一页。一般来说，如果已经有很多平台霸占了搜索结果的第一页，那就说明这个领域中有很多强劲的竞争对手。

选品也一样，关键看是否能给客户创造独特价值，只要能够做到人无我有，人有我优，独树一帜，SEO 就不是大问题。所以，可以选择某一个小的品类，成为业内龙头，如此就有可能与大平台竞争。

5. 根据客户端选品

选择的产品的最终销售端是移动端还是 PC 端，和选品也有重大联系。由于移动设备显示屏的显示范围较小，在移动端上是难以进行价格比较的。因此在移动端上通过低价产品博得更多关注的概率较小，所以在选品时不能一味地选择低价产品。因此，选品人员也要注意区分哪些品类和价位的产品适合在移动端或者 PC 端销售。

7.1.5　跨境电子商务数据化选品的策略

跨境电子商务数据化选品有通过数据化打造自己的"爆款"和善用选品潜规则两个策略，如图 7-3 所示。

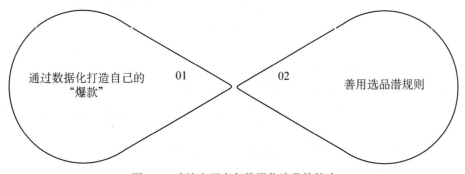

图 7-3　跨境电子商务数据化选品的策略

1. 通过数据化打造自己的"爆款"

（1）通过搜索引擎分析热搜产品。搜索引擎是客户搜索产品信息的重要工具。选品人员根据搜索引擎中的数据分析意向选品是否是目标市场中的热搜产品，或者是哪个市场中的热搜产品。

如何借助搜索引擎中的数据分析热搜产品？首先要选择一些搜索引擎分析工具，如赢搜——基于 Google、Bing、Yandex 等搜索引擎的大数据分析工具，在其中输入意向选品关键词以及指定区域，即可分析该选品在指定市场中的容量、同行卖家的入驻情况（市场竞争程度）；该工具还能综合市场容量与市场竞争程度的数据，分析出意向选品在指定市场中的商机、意向选品是否为热搜产品，以及是哪个市场的热搜产品。赢搜海外商机大数据分析系统很受亚马逊等平台商家的喜爱，在选品方面做了很大的贡献。

在 Google Trends 工具中输入意向选品关键词，并切换不同市场进行分析，可以看到不同地域对该选品的搜索曲线，也就是各个地区搜索量随时间变化的情况。这对于跨境电子商务企业针对目标市场，应该在哪个时间节点选择上线什么产品，具有非常重要的借鉴意义。

在 KeywordSpy 中输入意向选品关键词，选择想要分析的市场，可以看到该选品在指定市场中每个月的搜索量情况，还可以分析与指定关键词的关联度较高的关键词的搜索量情况。跨境电子商务企业可以根据分析结果制定选品策略，以及后续产品的关键词优化。

使用不同的数据分析工具得到的数据分析结果具有不同的侧重点，跨境电子商务企业可以充分发挥不同工具的长处，根据综合分析结果制定科学合理的选品策略。

（2）研究分析第三方平台的热销产品。第三方平台也是跨境电子商务企业选品时可以借鉴的对象，如全球速卖通、亚马逊、阿里巴巴国际站等，跨境电子商务企业可以分析这些平台中的热销产品以及这些热销产品的关键词，再结合前面提到的搜索引擎分析工具，对热销产品关键词的其他数据进行分析比对，判断选品的市场潜力。

例如，亚马逊通过 Amazon Best Sellers 工具分析每个行业的热销产品、热搜产品情况，再在搜索引擎分析工具中分析这些产品的其他信息。

（3）研究目标市场本地化电子商务平台网站的热销产品。国外本地化电子商务平台网站也是跨境电子商务企业可以研究分析的对象。国外本地化电子商务平台网站对本地消费者的消费特点有更精准的把握，通过分析国外本地化电子商务平台网站的热销产品，特别是行业新品的受欢迎程度，就可以了解当地消费者对某产品的需求情况与喜爱程度，以此确定选择什么产品。

（4）研究分析社交媒体热词。在这个时代，几乎人人都会使用社交媒体，社交媒体汇集了大量的用户信息。利用大数据思维挖掘社交媒体中有价值的信息，已成为很多企业把握消费者行为的重要方式。

国外重要的社交媒体有 YouTube、Pinterest、Google+、LinkedIn 等，跨境电子商务企业进入这些社交媒体，可以了解社交媒体上的用户都在热议什么。例如，来自电子产品行业的企业就可以关注社交媒体用户都在谈论什么款式和品类的电子产品，甚至可以发现用户的需求痛点，利用这些有价值的信息指导选品或者优化产品。

（5）研究分析同行优秀店铺。向厉害的人学习是自我成长的有效方式。对于跨境电子商务而言，同样如此，通过研究行业内优秀店铺的相关经营数据，分析其热销产品的特点、属性,可以知道什么产品正在被追捧,还可以研究并分析优秀店铺关于热销产品的标题设计、关键词使用、市场定位等价值信息。

此外,还可以通过店铺的买家页面分析该产品买家的来源、对产品的评价等信息,让结果反过来指导决策,甚至选品与营销。

2. 善用选品潜规则

对于某个大的品类来说,可能热销产品只有一个系列,或只有某一款产品。跨境电子商务企业无论是进驻第三方平台开店铺,还是经营独立网站,如果销售的产品只有某一个系列或仅销售某一款产品,就会使店铺和网站看起来单调些。产品品类少,客户的可选择性就少。

因此,跨境电子商务企业在选品时可适当拓宽产品线,增加产品类目,在选择热销产品的同时,选择热销产品的周边产品。如选择手机,可以配套选择手机膜、手机套等配件,使企业覆盖更多的相关性关键词。这样做一方面可以吸引更多的流量,另一方面可以给客户带来更完善的购物体验。

7.1.6 蓝海选品分析

根据关键词搜索人数的数据集四分位数筛除数据集中的异常值,再对飙升词数据进行进一步分析。

下面采集某行业不同的搜索关键词的排名情况,包括搜索人数、支付人数等,筛除数据集中的异常值,再对飙升词数据进行分析,进而得出相关的数据分析结论。

(1)打开"第7章 7.1 数据源"文件,选取"Number of searches"整列,根据四分位数公式"=QUARTILE(ARRAY,QUART)",计算四分之一位数和四分之三位数,即Q1=QUARTILE(C2:C23,1),Q3=QUARTILE(C2:C23,3),如图7-4所示。

	A	B	C	D	E	F	G	H	I
1	key word	ranking	Number of searches	Number of hits	Click through rate	Payment conversion rate	Number of payers		
2	Women's stiletto	1	1092	710	77.72%	43.86%	247	Q1	422.5
3	Women's wedge heel	2	2074	5262	89.49%	26.76%	890	Q3	1221.75
4	Women's sandals	3	735	440	83.40%	33.72%	112		
5	Women's platform shoes	4	647	415	101.19%	29.01%	87		
6	Women's wellingtons	5	430	162	46.76%	32.37%	44		
7	Women's trainers	6	421	239	82.12%	31.83%	60		
8	Women's flats	7	16022	15352	89.02%	56.52%	7147		
9	Women's slippers	8	427	285	97.52%	38.36%	88		
10	Women's climbing shoes	9	354	132	60.96%	19.02%	21		
11	Women's canvas	10	1164	213	110.88%	22.32%	35		
12	Women's axido	11	1613	1194	118.99%	23.77%	173		
13	Women's pumps	12	2350	1709	103.02%	25.48%	273		
14	Women's leisure	13	365	217	72.64%	36.09%	64		
15	Men's canvas	14	979	723	106.77%	28.23%	140		
16	Men's plain-toe	15	2679	1398	66.92%	1.58%	18		
17	Men's hiking boots	16	276	148	83.40%	21.59%	26		
18	Men's trainers	17	276	198	88.76%	28.09%	44		
19	Men's leisure	18	551	327	72.29%	21.67%	47		
20	Men's football shoes	19	243	79	37.69%	0	0		
21	Men's tennis shoes	20	1241	127	68.12%	32.22%	36		
22	Men's basketball shoes	21	613	202	46.33%	17.81%	25		
23	Men's jogging shoes	22	478	379	114.89%	43.33%	133		

图7-4 计算Q1和Q3

（2）选中任意单元格中的数据，单击"开始"→"筛选"按钮，在下拉列表中选择"筛选"选项，如图7-5所示。

图7-5 单击"筛选"按钮

（3）单击"Number of searches"一列的筛选按钮，在下拉列表中单击"数字筛选"按钮，如图7-6所示，根据四分之一位数和四分之三位数，排除数据中的异常值。在定义数字筛选的范围时选择"介于"选项，选取"大于或等于400"与"小于或等于1200"的值，如图7-7所示。排除异常值后，将新的数据复制到新的工作簿"Sheet2"中，如图7-8所示。

图7-6 单击"数字筛选"按钮

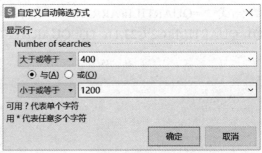

图7-7 数字筛选排除异常值

图7-8 排除异常值后的数据

(4)选中"Sheet2"工作簿中的任意数据,单击"插入"→"数据透视表"按钮,在弹出的"创建数据透视表"对话框中选择"请选择单元格区域"数据和选中"新工作表"单选按钮,然后单击"确定"按钮,如图7-9所示。

(5)设置数据透视表字段,将"key word"字段拖入"行"标签,将"Number of searches""number of payers"两个字段拖入"值"标签,设置"值显示方式"为"求和项",得到的数据透视表如图7-10所示。

图7-9 设置"创建数据透视表"

图7-10 设置数据透视表字段

(6)选中数据透视表,单击"Number of payers"字段,在弹出的快捷菜单中选择"排序"→"升序"选项,如图7-11所示。

(7)选择"插入"→"全部图表"→"全部图表"选项,在弹出的"图表"对话框中选择"组合图"选项,单击上方的"自定义"按钮,设置"求和项:Number of payers"的图表类型为"簇状柱形图",设置"求和项:Number of searches"的图表类型为"折线图",单击"插入图表"按钮,如图7-12所示。

(8)单击右上角的"图表元素"按钮,选中"坐标轴""图表标题""数据标签""网格线""图例"复选框,优化图形,并将标题设置为"关键词搜索人数和支付人数",最终效果图如图7-13所示。通过对行业搜索词飙升排行榜数据的分析,"Women's canvas"和

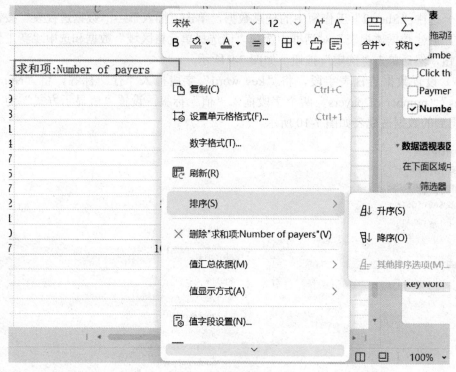

图 7-11 数据排序

图 7-12 插入组合图

"Women's stiletto"近一个月搜索人数皆超过 1000，但"Women's canvas"的购买人数仅有 35 人，而"Women's stiletto"的购买人数有 247 人，说明"Women's stiletto"具有较高的市场前景，可以作为机会类目重点关注。

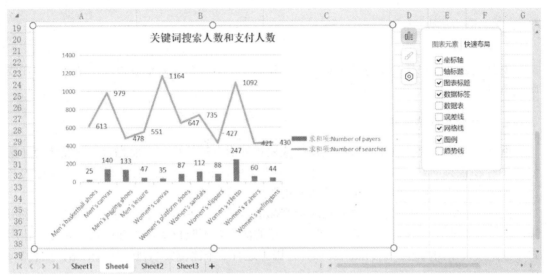

图 7-13　最终效果图

7.2　跨境电子商务国外创新选品

跨境电子商务国外创新选品主要有社区选品、网站选品和其他渠道选品三种方式。

7.2.1　社区选品

社区选品主要包括当地社区选品和社区论坛选品两个方面。

1. 当地社区选品

当前，国内很多传统行业从线下转移到线上，部分企业还开启线上线下相结合的运营模式。

企业在选品时，观察传统零售行业趋势，把适合线上销售的产品从线下转移到线上。除从社区获取信息以外，当地的一些媒体也是获取新信息的很好来源。

2. 社区论坛选品

Reddit 是一个较大的社交媒体新闻聚合网站，也是一个大型社区论坛。它通过多个子模块展示不同细分领域的产品，迎合了消费者不同的购物需求。卖家在社区论坛中很容易迸发对新产品或商业创意的灵感。

如果卖家想经营一个特殊产业的细分品类产品，可以在论坛上搜索该产品的相关信息，找到合适的子模块社区并融入；同时，卖家也可以在子论坛中发布产品创意。

类似的社区论坛还有很多，好好利用这些社区论坛，就能够从中找到合适的产品。

7.2.2 网站选品

网站选品主要包括社交分享网站选品、B2B（企业与企业）批发市场网站选品和在线购物网站选品。

1. 社交分享网站选品

网络时代的消费者更加喜欢浏览图片或视频等形态的信息。目前也有一些经营得非常好的图片和视频网站。在这些网站的图片和视频中，有的还包含很多有趣的、流行的产品，如果这些产品有市场，卖家可以从中获得第一手资料。

Pinterest 是一个通过图片的形式展示产品的网站，俗称"家庭妇女的天堂"。它采用瀑布的形式展现图片内容，无须用户翻页，新的图片会不断自动地加载在页面底端，让用户不断地发现新的内容。除 Pinterest 以外，国外还有三个比较大的社交分享网站，如表 7-4 所示。

表 7-4 国外比较大的社交分享网站及其要点说明

国外比较大的社交分享网站	要点说明
Polyvore	Polyvore 是一个让用户进行时尚 DIY 并分享的网站，该网站最大的特色就是用户可以搜索浏览时装、配饰等图片，同时还可以搭配、拼接喜欢的服装，做出有时尚感的服装的图片
Fancy	Fancy 的定位是一个集店铺、杂志及许愿单为一体的网站，用户通过 Fancy 网站可以发现各种礼品信息并能将自己搜索的信息分享给朋友
Wanelo	Wanelo 是全球购物社区，又称为美国的"蘑菇街"，采用与 Pinterest 类似的方式展示产品和店铺

2. B2B 批发市场网站选品

传统的 B2B 批发市场主要是在线下发展的，产品比较有特色。在互联网时代，B2B 批发市场也需要迎合时代的要求，以"线上+线下"融合的方式发展。在部分线上 B2B 批发市场网站上，我们可以发现许多有市场潜力的产品。

为了找到质量好、有特色的产品，卖家虽然花费了很多心思，但有时依旧无法让客户满意。因此，新手卖家想要找到不错的产品货源，必须对 B2B 批发市场网站有所了解。阿里巴巴旗下的 1688 网站便是中国跨境电子商务卖家进货的常用渠道。1688 网站以批发和采购业务为核心，通过专业化运营完善客户体验，全面优化企业跨境电子商务的业务模式。目前，1688 网站已覆盖原材料、工业品、服装服饰、家居百货等多个品类，提供从原料采购、生产加工到现货批发等一系列的供应服务。

国外类似的 B2B 批发市场网站主要有以下三个，如表 7-5 所示。

表 7-5 国外类似的 B2B 批发市场网站及其要点说明

国外类似的B2B批发市场网站	要点说明
TradeKey	TradeKey 是全球知名度较高、实用性较强的 B2B 网站,在全球 B2B 网站中名列前茅,也是近年来较受外贸行业关注的外贸 B2B 网站。TradeKey 一直致力于全球买家数据的采集和分析,与全球诸多实力雄厚的集团或机构结成联盟,是一个专门为中小企业设立的网站。它以出口为导向,已成为全球 B2B 网站的领导者和最受外贸企业欢迎的外贸 B2B 网站之一
环球资源网	环球资源网是一家多渠道的 B2B 媒体公司,它的核心业务是通过一系列英文媒体,包括环球资源网、电子杂志、采购资讯报告、买家专场采购会、贸易展览会等来促进亚洲各国的出口贸易
中国制造网	中国制造网是国内综合性 B2B 跨境电子商务平台,覆盖品类包括工业品、原材料、家居百货和商务服务等,它为供应商提供免费搭建企业展厅、免费发布产品、移动营销及深度推广等服务

3. 在线购物网站选品

目前,在网上购买产品已经成为人们日常生活中不可缺少的一部分,很多电子商务平台也被消费者熟知。有部分小众电子商务平台虽然知名度不高,但也能为新手卖家提供一定的参考信息。通过浏览并分析这些平台的信息,新手卖家能更好地做出选品决策。

常用的在线购物网站有 Kickstarter 和 Etsy,如表 7-6 所示。

表 7-6 常用的在线购物网站及其要点说明

常用的在线购物网站	要点说明
Kickstarter	Kickstarter 是一个专为具有创意方案的企业开发产品筹资的众筹网站。Kickstarter 致力于支持和激励创新性、创造性、创意性的活动。通过网络平台面向公众募集小额资金,Kickstarter 让有创造力的人有可能获得他们所需要的资金,使他们的梦想得以实现。在 Kickstarter 中,用户可以查询所有项目的受欢迎程度、筹集资金的数量、有哪些"达人"推荐等。Kickstarter 的项目类别包括电影、音乐、美术、摄影、戏剧、设计、技术、食品等十几类
Etsy	Etsy 是一个以买卖手工艺成品为主要业务的网站,该网站集聚了一大批极富影响力和号召力的手工艺术品设计师。在 Etsy 上,人们可以开店,销售自己的手工艺品,模式类似于 eBay 和淘宝。在 Etsy 上交易的产品多种多样,包括服饰、珠宝、玩具、摄影作品、家居用品等,这些类别的产品有一些共同特征:原创、手工、有个性

7.2.3 其他渠道选品

除了社区选品和网站选品,还可以根据用户评论、产品发展趋势选品以及从消费趋势网站中寻找产品。

1. 根据用户评论、产品发展趋势选品

在媒体提供的信息高度丰富的今天,人们对消费资讯的获取方式也呈现多样性。例如,阅读网络评论不知不觉已经成为很多人阅读网上信息的乐趣之一,网络评论已经是一种高渗透的网络行为。据有关机构统计,近六成的网友会发表评论,近八成的网友会浏览评论。

网络上也有很多买家会根据产品的口碑做出购买决策,会了解那些素不相识的人对产品的看法。因此,从评论中了解产品的发展趋势就是一个获得灵感和创意的好方法。

例如,Uncrate 是男士的配件指南阵地,专门针对男性用户提供超过 9000 个专属产品,为男性用户打造非常有特色的产品,能够把男性的气质和品位提升到一个较高的档次。在这个网站中每天都可以看到产品的发展趋势。

除了用户评论、新产品信息,我们还可以留意一些介绍流行产品的博客,如表 7-7 所示。

表 7-7 介绍流行产品的博客及其要点说明

介绍流行产品的博客	要点说明
BlessThisStuff (美国前卫生活博客)	BlessThisStuff 是一个分享前卫生活信息的博客站点,主要分享科技、创意家居、体育运动、品牌时尚、机械、媒体文化等内容,让你拥有高端的品位,以绅士般的态度去迎接较前沿的生活
Cool Material (户外酷装备推荐平台)	Cool Material 是一个致力于推荐男士用品的站点,专门推荐男士户外装备、机车、服装等产品

2. 从消费趋势网站中寻找产品

如果卖家想让自己的产品有特色,那么就要有创新意识,可以经常查看消费趋势网站。下面介绍三个受欢迎的消费趋势网站,如表 7-8 所示。

表 7-8 受欢迎的消费趋势网站及要点说明

受欢迎的消费趋势网站	要点说明
TrendWatching (全球消费趋势研究平台)	TrendWatching 是一家独立的、有自主观点的全球消费趋势研究平台。该平台发布全球前瞻性消费趋势,长期观察和分析全球范围内较有前景的消费趋势及新型的商业案例,依靠遍布全球 90 多个国家的观察员网络,给用户呈现全球消费发展的新趋势
TrendHunter (潮流猎人趋势资讯网)	TrendHunter 是一个介绍世界各国潮流趋势的综合时尚资讯网站,是世界上较大、较受欢迎的时尚潮流趋势社区之一。该网站每天都有最新潮流的资讯,是有远大目标、有无尽好奇心的企业或个人的灵感源泉
Springwise (全球创意产品数据库)	Springwise 是在全球范围内搜索和整合优秀创意,并立志将这些好创意提供给具有企业家头脑的企业领导、管理咨询人员、营销经理、商业发展研究者,或者任何对创新和挖掘新商机感兴趣的人。它每天提供创意信息、产品趋势及故事等内容,用户可以免费订阅

7.3 跨境电子商务主流平台选品

7.3.1 全球速卖通选品

全球速卖通是阿里巴巴旗下的一个跨境电子商务平台,在国际上的地位可以等同于我国的"淘宝",国外消费者也喜欢在这个平台上购物。全球速卖通后台有很多功能可以用于分析各种数据,如数据纵横能让卖家知道当下搜索量和销量排名靠前的关键词有哪些,还有直通车、类目挖掘、站内关键词等功能,这些功能都可以帮助卖家选择合适的产品。

1. 数据纵横选品

每一件"爆款"都有一个生命周期,有些类目的产品的更新速度很快,卖家只有不断地开发新的"爆款",才能让店铺一直保持优势。

对于产品所处的不同时期,卖家要学会采取不同的运营策略,如图7-14所示。

选品期
卖家开始科学选品,可以通过站内和站外等多种渠道开展选品工作。

成长期
卖家通过店铺的自主营销、直通车及站外营销等进行全渠道的营销推广。

成熟期
当产品订单和流量进入稳定期,积累了一定的评价时,卖家可以采取关联营销等方式提升店铺的客单价,以引入优质流量。

保护期
当成功地打造出一款"爆款"后,竞争对手也会开始开发类似的产品,此时竞争难度会增大,卖家需要提升自己产品的竞争力来保证稳定的订单量。

衰退期
此阶段的产品价格战会非常激烈,加上市场的需求降低和新产品的出现,订单和流量都会减少,这时卖家需要重新选品或优化原有产品。

图7-14 不同时期的运营策略

每个跨境电子商务卖家都想打造几个"爆款",因为"爆款"为店铺带来的免费流量是不可估量的。这些免费流量不仅能够增加店铺的自然流量,从而带动其他产品的销售,而且能在初期抢占市场,增加销量,树立品牌形象。但是,怎样选择有潜力的产品呢?又该如何优化产品让流量和订单量得到增加呢?

通过全球速卖通平台提供的数据纵横生意参谋功能,卖家可以了解行业情报(热搜产品、热销产品);可以通过选品专家功能进行理性选品,精准设置关键词;可以进行商品分析,找到经营短板,制定有针对性的营销策略。全球速卖通的数据纵横页面如图7-15所示。

图 7-15 全球速卖通的数据纵横页面

1)选品专家——热销

(1)TOP热销商品词。TOP热销商品词可使卖家从行业、国家(地区)、时间的维度查看TOP热销的品类。TOP热销商品词页面如图7-16所示,图中圆圈越大,表示销量越大。颜色代表竞争情况,红色越深,表示竞争越激烈;蓝色越深,表示竞争越小(扫描二维码,即可查看图中的颜色,下同)。

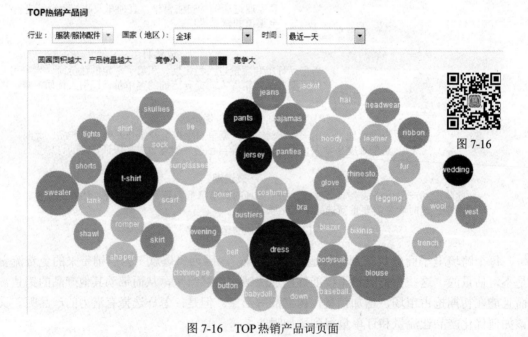

图 7-16 TOP热销产品词页面

相关数据指标说明如下。
- 成交指数:在所选行业、国家(地区)、时间范围内,累计成交订单数经过数据处理后得到的对应指数。成交指数不等于成交量,但成交指数越大,说明成交量越大。
- 购买率排名:在所选行业、国家(地区)、时间范围内,购买率的排名情况。
- 竞争指数:在所选行业、国家(地区)、时间范围内,商品词对应的竞争指数。竞争指数越大,竞争越激烈。

(2)TOP 关联商品。TOP 关联商品是指买家同时浏览、点击、购买的商品。TOP 关联商品页面如图 7-17 所示,连线越粗,表示买家对商品的关注度越高,即买家同时浏览、点击、购买的人数越多。圆圈面积越大,表示销量越大。颜色表示竞争情况,红色越深,表示竞争越激烈;蓝色越深,表示竞争越小。

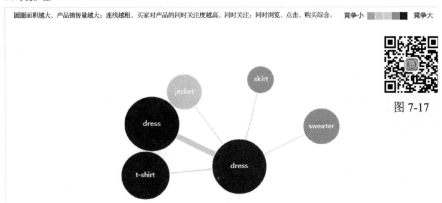

图 7-17　TOP关联商品页面

(3)TOP 热销属性。TOP 热销属性是指某个品类下热销商品的属性,如图 7-18 所示。单击"+"号可以展开属性值,单击"-"号可以收起属性值。展开后的属性值所对应的圆圈面积越大,表示销量越大;同一类颜色在此图中只用作属性分类。

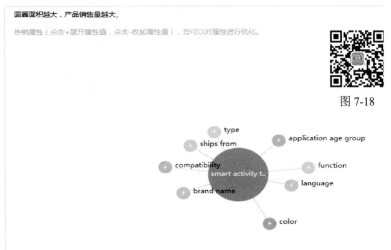

图 7-18　TOP热销属性页面

图 7-19 所示为"dress"的热销属性页面,单击"+"号可以分析出下列属性值。
- 袖子长度:无袖。
- 面料:雪纺。
- 裙长:膝盖以上。
- 风格:迷你裙。
- ……

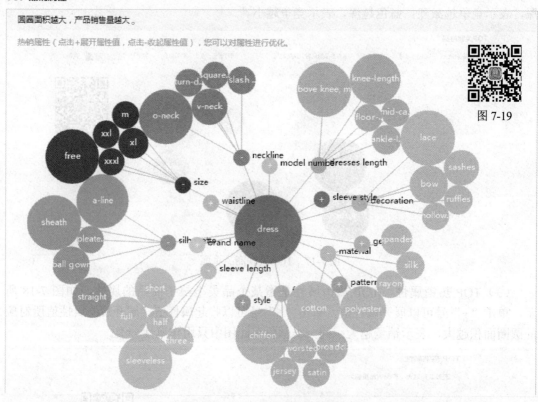

图 7-19 "dress"的热销属性页面

卖家可以结合自己商品的特征,优化商品属性,增加买家找到商品的机会;也可以了解目前商品的热销属性,方便选品。

热销属性组合。热销属性组合是指某个品类下热销属性的组合,相同颜色代表一类属性组合,圆圈面积越大,表示对应商品的销量越大。热销属性组合页面如图 7-20 所示。

单击圆圈,卖家可以查看属性组合详情。例如,单击"Novelty"圆圈,弹出图 7-21 所示热销属性组合页面。这类商品的热销属性有带花的(Floral)、蝴蝶结(Bow)、蓬蓬裙(Ball Gown)、女孩(Girls)等。

通过热销属性组合,卖家既可以在全球速卖通平台上查看此类商品的特征,也可以在其他网站上搜索这类商品的特征。

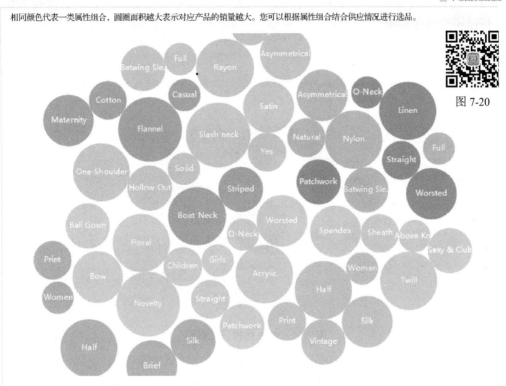

图 7-20 热销属性组合页面

图 7-21 "Novelty"的热销属性组合页面

2）选品专家——热搜

从行业、国家、时间的维度来看热搜中包含最近主要市场的热搜产品词、关联产品、热搜属性等信息，卖家可以在这里查看买家都在搜索怎样的产品。

（1）TOP 热搜产品词。在 TOP 热搜产品词页面，卖家可以从行业、国家、时间的维度查看热搜产品词。

（2）TOP 关联产品。TOP 关联产品是指买家同时浏览、点击、购买的产品。

（3）TOP 热搜属性。在 TOP 热搜属性页面，卖家可以查看某个品类的热搜属性。TOP 热搜属性页面如图 7-22 所示。

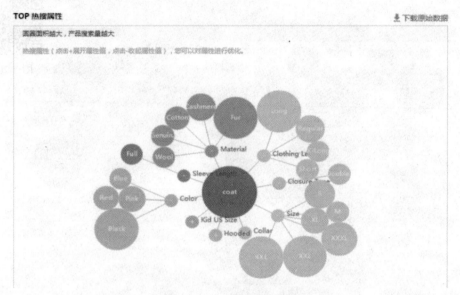

图 7-22　TOP 热搜属性页面

（4）热搜综合指数。热搜综合指数的计算公式为

热搜综合指数=搜索指数÷支付转化指数÷竞争指数

对计算出的热搜综合指数进行降序排列，排名靠前的产品关键词所指向的品类就是卖家要找的产品，这些产品相对来说更具有市场优势。

2. 全球速卖通直通车选品

全球速卖通直通车（以下简称"直通车"）是快速增加店铺流量的引流工具。卖家使用该工具不仅可以增加产品的曝光量，吸引潜在买家，还可以自主设置关键词，免费展示产品信息，是一种按照客户点击次数收费的网络推广模式。

（1）直通车推广在选品时需考虑的因素。直通车推广在选品时需考虑的因素及要点说明如表 7-9 所示。

表 7-9　直通车推广在选品时需考虑的因素及要点说明

直通车推广在选品时需考虑的因素	要点说明
产品信息	产品信息包括产品标题、图片、产品详细信息、价格、运输方式以及其他需要注意的信息
产品历史销量及转化率	产品历史销量及转化率数据可以在全球速卖通的数据纵横页面中查到。卖家可以从客户下单比较多的产品或者有价格优势的产品中挑选几个产品尝试，在直通车上进行重点推广
产品好评率	一方面，单击进入产品详情页并浏览产品好评的买家下单的可能性更高；另一方面，在其他条件都相同的情况下，评分高的产品，其成交价更低

选好产品后需要添加关键词。利用直通车关键词工具添加关键词时，不必考虑关键词标签，如"高订单""高转化"等。前期关键词可以多加一些，但要保证所选关键词与产品的关联性足够强，要特别注意关键词与产品描述的一致性。使用直通车持续推广两周，再针对具体数据进行优化与调整。

（2）直通车选品的方法。直通车选品的目的是从新品中筛选潜力较大的产品，共有两种选品方法：重点推广计划和快捷推广计划，如表 7-10 所示。重点推广计划主要用来打造"爆款"；快捷推广计划主要用来进行测款。直通车推广计划页面如图 7-23 所示。

表 7-10 直通车选品的方法及其要点说明

直通车选品的方法	要点说明
重点推广计划	利用重点推广计划，卖家可以打造"爆款"。它独有的创意推广功能能加快"爆款"打造的速度，也能单独选品并指定推广关键词。卖家最多可创建 10 个重点推广计划，每个重点推广计划最多包含 100 个单元，每个单元内最多容纳 1 个产品、200 个关键词
快捷推广计划	快捷推广计划主要是指利用快速推广进行测款、批量选品和选词、打包推广更多相似产品的直通车推广方式。它能够通过数据比较筛选出潜力"爆款"。卖家最多能够创建 30 个快捷推广计划，每个快捷推广计划能够容纳 100 个产品

图 7-23 直通车推广计划页面

（3）直通车关键词工具。用关键词工具选品是为了选出竞争程度低、热度高的产品。它是专门为全球速卖通直通车用户设计的找词工具，使用率达 70%。

关键词工具的使用方式包括按计划找词、按行业找词、自主输入关键词搜索等，同时还提供搜索热度、竞争度、市场价等参考信息。

在制作推广计划时，先进行关键词的搜索，然后在搜索出的关键词中查找近 30 天的关键词，并按搜索热度和竞争度降序排列，最后从列表中选择搜索热度低、竞争度高的产品，这类产品的卖家相对较少，产品需求量较大。

3. 产品分析及类目纵向深挖选品

1）产品分析

（1）精细化产品分析。进入全球速卖通的数据纵横页面，选择"商品分析"选项，打开商品分析页面，如图7-24所示。

图7-24　商品分析页面

单击"自定义指标"按钮，在弹出的窗口中选择需要定义查询的指标，如图7-25所示。

图7-25　自定义指标窗口

全球速卖通卖家做单品数据分析时，需要关注的核心指标有搜索曝光量、商品页访客数、搜索点击率、平均停留时长、加收藏夹次数等。

（2）店铺产品核心指标。打开商品分析页面，按照类目、国家、产品和时间维度下载店铺内的产品数据，并将产品数据导入Excel中进行处理，如图7-26所示。

第 7 章 跨境电子商务数据化选品

	A	B	C	D	E	F	G	H	I	J
1	商品ID	商品曝光量	商品页浏览量	商品页访问量	浏览-下单转化率	搜索点击率	平均停留时长	购买意向	加购物车人数	加收藏夹人数
2	922.132	32738	2342	1551	0.58%	2.79%	51	0.1044	62	100
3	387.982	9659	777	466	0.86%	4.15%	52	0.0751	22	13
4	932.984	1775	171	142	0.00%	8.59%	13	0.0634	2	7
5	412.500	1502	403	250	0.80%	18.79%	26	0.1600	13	27
6	393.619	1206	207	167	0.00%	16.52%	23	0.1078	5	13
7	286.872	893	44	38	0.00%	4.03%	29	0.0789	1	2
8	744.434	723	82	64	1.56%	4.53%	36	0.0313	0	2
9	438.473	548	37	33	0.00%	6.18%	12	0.0000	0	0
10	245.509	514	38	33	0.00%	6.85%	12	0.0000	0	0
11	575.814	508	53	47	0.00%	10.53%	12	0.0909	1	3
12	725.119	413	18	17	0.00%	5.57%	5	0.0000	0	0
13	494.620	395	62	50	0.00%	9.28%	14	0.1200	1	5
14	352.281	329	26	22	0.00%	6.06%	17	0.1818	2	2
15	331.413	317	16	13	0.00%	1.96%	18	0.2306	0	3
16	426.150	311	13	10	0.00%	1.06%	19	0.2000	0	2
17	551.427	296	36	21	0.00%	1.06%	84	0.1905	2	2
18	326.045	283	69	34	0.00%	4.20%	33	0.2059	1	6
19	338.133	282	65	48	0.00%	13.75%	27	0.1458	4	3
20	155.432	261	21	15	0.00%	2.16%	8	0.1333	1	1
21	491.908	234	15	13	0.00%	3.47%	56	0.1538	1	1
22	295.157	59	3	3	0.00%	3.57%	10	0.3333	0	1
23	742.944	56	14	12	0.00%	6.82%	60	0.2500	2	1
24	436.171	53	13	11	0.00%	2.38%	17	0.2727	0	3
25	382.293	40	5	5	0.00%	2.86%	13	0.2000	0	1
26	14.000	29	18	14	0.00%	4.35%	53	0.1429	1	1
27	均值	2137	182	123	0.15%	6.07%	28	0.1389		

图 7-26　将产品数据导入 Excel 中

将表中高于平均值的数据突出显示，如图 7-27 所示，其中表中的购买意向=(加购物车人数+加收藏夹人数)/UV。

	A	B	C	D	E	F	G	H	I	J
1	商品ID	商品曝光量	商品页浏览量	商品页访问量	浏览-下单转化率	搜索点击率	平均停留时长	购买意向	加购物车人数	加收藏夹人数
2	922.132	32738	2342	1551	0.58%	2.79%	51	0.1044	62	100
3	387.982	9659	777	466	0.86%	4.15%	52	0.0751	22	13
4	932.984	1775	171	142	0.00%	8.59%	13	0.0634	2	7
5	412.500	1502	403	250	0.80%	18.79%	26	0.1600	13	27
6	393.619	1206	207	167	0.00%	16.52%	23	0.1078	5	13
7	286.872	893	44	38	0.00%	4.03%	29	0.0789	1	2
8	744.434	723	82	64	1.56%	4.53%	36	0.0313	0	2
9	438.473	548	37	33	0.00%	6.18%	12	0.0000	0	0
10	245.509	514	38	33	0.00%	6.85%	12	0.0000	0	0
11	575.814	508	53	47	0.00%	10.53%	12	0.0909	1	3
12	725.119	413	18	17	0.00%	5.57%	5	0.0000	0	0
13	494.620	395	62	50	0.00%	9.28%	14	0.1200	1	5
14	352.281	329	26	22	0.00%	6.06%	17	0.1818	2	2
15	331.413	317	16	13	0.00%	1.96%	18	0.2306	0	3
16	426.150	311	13	10	0.00%	1.06%	19	0.2000	0	2
17	551.427	296	36	21	0.00%	1.06%	84	0.1905	2	2
18	326.045	283	69	34	0.00%	4.20%	33	0.2059	1	6
19	338.133	282	65	48	0.00%	13.75%	27	0.1458	4	3
20	155.432	261	21	15	0.00%	2.16%	8	0.1333	1	1
21	491.908	234	15	13	0.00%	3.47%	56	0.1538	1	1
22	295.157	59	3	3	0.00%	3.57%	10	0.3333	0	1
23	742.944	56	14	12	0.00%	6.82%	60	0.2500	2	1
24	436.171	53	13	11	0.00%	2.38%	17	0.2727	0	3
25	382.293	40	5	5	0.00%	2.86%	13	0.2000	0	1
26	14.000	29	18	14	0.00%	4.35%	53	0.1429	1	1
27	均值	2137	182	123	0.15%	6.07%	28	0.1389		

图 7-27　突出显示数据

2）类目纵向深挖

打开全球速卖通的买家首页，在列表上找到店铺产品所属的类目，如图 7-28 所示。

在二级类目中，单击其中一个你感兴趣的类目，就会显示许多这个类目下的热销产品，如图 7-29 所示。

此外，还可单击"Orders"按钮，查看该类产品的销量排序。打开历史销售记录，将销售记录更新到最新状态，查看近 3 天的总销量，算出日均销量来预估月销量。用预估的月销量和该产品的售价相乘,可以得出该产品的预估月销售额,以此来判断是否需要选择此类产品。如果选择该产品,则你的价格要比该产品更有优势,或者与该产品在其他方面要有差异。

图 7-28 查看类目页面

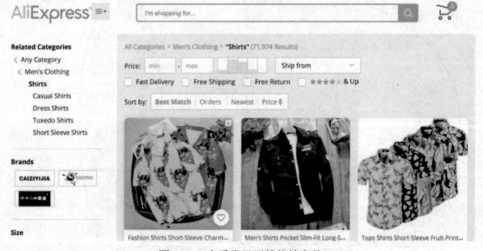

图 7-29 查看类目下的热销产品

7.3.2 亚马逊选品

随着跨境电子商务行业的兴起,各种跨境电子商务平台如雨后春笋般迅速成长,而亚马逊(Amazon)作为跨境电子商务界的龙头企业,实力不容小觑,很多消费者也愿意在该平台上购物,所以卖家也可以借助亚马逊选品。

1. 亚马逊选品的方法

亚马逊是一家注重产品质量的平台,所以卖家在选品时并不能只考虑能不能卖,是否有利润可言,还要保障产品的质量,这样产品才能卖得好。

(1) 亚马逊选品的思路。亚马逊选品的思路主要有:从需求出发,跟着市场走;以盈利为目标;专注于一个类目;明确自己的风险承担能力;考虑货源问题,如图 7-30 所示。

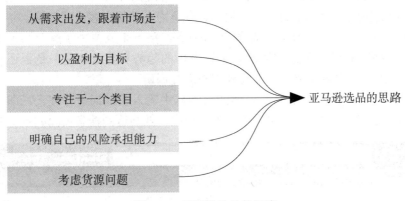

图 7-30 亚马逊选品的思路

① 从需求出发,跟着市场走。亚马逊是以产品为导向的平台,卖家需要考虑自己手上的产品是否有足够大的市场需求。此外,卖家还要关注国外市场。有些产品在国内市场上不畅销,但在国外市场上可能会卖得非常好。假如卖家想在亚马逊美国站上开店,就应该去了解一下美国人需要什么样的产品。

② 以盈利为目标。亚马逊上不缺少好的产品,也不缺少好的卖家,不少卖家甚至自建了品牌以对产品进行保护。大部分跨境电子商务市场都已成为红海市场,有些人直接放弃,将目光瞄向蓝海市场。其实,红海市场里也有商机,一个行业或一个类目所在的市场之所以变成红海市场,是因为它的规模与市场需求量足够大。如果在产品的细节上能与其他产品有区别,也会有盈利的机会。蓝海市场的竞争压力相对较小,但搜索量也比红海市场少很多。如果进入蓝海市场,卖家就需要进行更多的摸索,承担更多的开发工作,而且蓝海市场也不会永远存在。卖家无论是选择红海市场,还是选择蓝海市场,都要保证产品有盈利空间。

③ 专注于一个类目。如果新手卖家已经有了开店的准备,下一步就要考虑卖什么产品。新手卖家开店初期,在资金、人力等各方面的资源都是有限的,不可能刚起步就上架海量的产品。所以,新手卖家刚开店时,应先专注某一个类目。如果不明白个别品类的市场情况,可以在亚马逊上浏览其细分类目的销售情况,包括对销量比较好的店铺、产品做市场分析。

④ 明确自己的风险承担能力。为什么说卖家在选品之前要明确自己的风险承担能力呢?因为亚马逊向买家承诺无条件退货。从亚马逊发出去的产品,如果买家退回后不影响二次销售,亚马逊允许重新贴标销售,而重新贴标需要卖家缴纳一定费用;如果买家退回后影响二次销售,但产品可以正常使用,此时有两种处理方法:一是卖家丢弃该产品,亚

马逊收取弃置费；二是退回给卖家，但物流成本非常高。所以说，如果买家退货，无论采取哪种处理方式，卖家都需要承担一定的损失。此外，卖家还要考虑仓储费。因此，卖家要衡量好选品的价值、利润、退货成本之间的关系，结合自身的风险承担能力，做出合适的选择。

⑤ 考虑货源问题。对于作为中间商的卖家来说，选品时还要考虑货源问题。卖家要考虑是否能够为意向选品找到稳定的供货渠道，意向选品的质量、价格、产地等是否具有优势，这些都会影响意向选品的定价、利润、竞争力、销量、客户评价等。

（2）亚马逊产品市场调研。选品思路明确后，接下来就要去了解亚马逊上热卖的产品，并且对这些产品进行充分的调研。了解市场的趋势和容量情况，是否还有盈利的空间。在亚马逊上，卖家可以通过以下几种方法进行调研。

① 关键词搜索。直接在亚马逊页面的搜索框中输入关键词进行搜索，即可看到关于这类产品的总数，数量越大，说明市场竞争力越大。亚马逊的搜索页面如图 7-31 所示。

图 7-31　亚马逊的搜索页面

② 排行榜。在亚马逊主页单击"Department"按钮，选择目标产品所在的细分类目，再单击"Best Sellers"按钮即可查看排行榜。

通过以下各种排行榜，卖家可以获取产品的相关信息，如表 7-11 所示。

表 7-11　卖家可以获取产品的相关信息的排行榜

排行榜	产品的相关信息
卖得最好的产品（Best sellers）	卖家可以知道卖得最好的产品有哪些
热门新品（Hot new releases）	卖家可以知道现在热卖的新品有哪些。在分析时再结合季节、节日、推广等因素，卖家可以对热卖新品及其发展趋势做出判断
评价最高的产品（Top rated）	卖家可以知道评价最高的产品有哪些
愿望清单（Most Wished for）	卖家可以知道亚马逊平台上的买家都想要什么样的产品

（3）亚马逊产品调研。了解了产品市场之后，卖家需要对产品的价格、排名、评论、库存、商标、图片、名称、描述、包装、链接、ASIN 码等信息进行调研，进一步全方位了解该产品，看看它是否符合自身的选品要求。其中，卖家需要重点分析以下五个方面。

① 分析产品的价格（price）。产品价格页面如图 7-32 所示。这个价格包括加到购物车的产品价格。价格直接关系成本，只有产品价格符合卖家的预期，才值得卖家花时间进一步深入研究产品。另外，一些大件的产品（如沙发）可能很畅销，但它们的体积、成本和物流费用很高，一般的卖家是无法承担的，可以直接放弃这类产品；如果产品的市场价格过低，可能没有盈利空间，卖家也不需要深入研究这类产品。

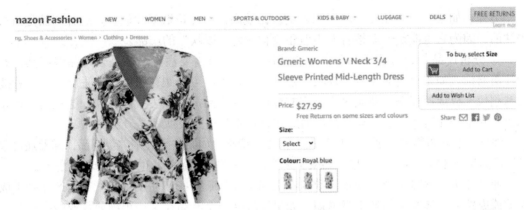

图 7-32　产品价格页面

② 分析产品销量排名（best sellers rank）。产品销量排名是反映产品销量最有效的参考指标。通过产品销量排名，卖家既可以知道产品在某个产品类目中的销量排名（排名越靠前的产品，越有竞争力），也可以评估整体市场容量，从而判断某一个类目产品的竞争程度。如果卖家关注的产品的销量排名能排在一级类目的前 100 000 名、二级类目的前 10 000 名、三级类目的前 1000 名、四级类目的前 100 名，说明这是个很不错的产品。

③ 分析产品评论（reviews）。产品评论页面如图 7-33 所示。

产品评论数量的增长速度和评论内容有很大的参考价值。当某个产品处在旺季或流行季节时，它的销量会增加，相应的评论数量的增长速度也会加快。另外，通过分析竞争对手的评论内容，卖家也能从中发现产品本身的品质状况、设计是否存在缺陷等，从而了解客户的深层次诉求，即可在选品阶段避免这类问题或思考相应的改进方案。但是，如果产品评论星级普遍低于 4 星，说明这款产品的缺陷很多，卖家就不用考虑将其作为选择的对象了。

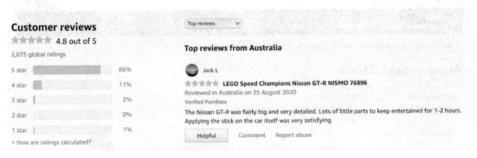

图 7-33　产品评论页面

另外，卖家可以将产品的销量排名与评论相结合进行综合分析。如果两个数据一起增长，表示该产品是个综合实力不错的热卖品。如果只有评论数量增加，但产品的销量排名却在下降，就有可能存在刷单的情况，遇到这种情况，卖家就需要对这个产品持观望态度。

④ 分析竞争对手的库存以推测销量。亚马逊尊重买家的隐私，不会在网页前端公开某个产品销量的详细记录。但是产品的销量与排名有很大的关系。新卖家想要了解某个产品的市场销量如何，可以通过将产品添加到购物车的方式推测竞争对手的库存，从而评估这个产品的整体市场容量。

另外，如果一个产品在一段时间内销量比较高，但评论数量比较少，这种产品是值得关注的，因为它可能是一款很有潜力但还没有成为"爆款"的产品。

⑤ 分析产品是否有注册品牌，是否能跟卖。卖家需要注意产品是否为品牌产品，有无注册商标。如果有注册品牌，而卖家想要代理销售，可以跟在售的卖家进行沟通，看能否拿到代理权或授权书。新卖家不一定非要选同款产品，可以去找相似款。这里的"找相似款"并不是让新卖家去仿冒产品，而是建议新卖家去开发或者是升级产品。

注意产品是否需要认证。一些产品类目比较特殊，如某些婴儿喂养类用品，需要通过强制性产品认证才能上架到亚马逊，如果卖家不具备相关认证条件，也不用考虑此类产品。

通过分析竞争对手产品的各种数据，卖家可以判断哪些产品刚上市，哪些产品处于成长期或成熟期，哪些产品处于衰退期。如果发现某一个产品在某一个细分行业中有很多卖家，而且几乎被垄断，卖家则可以绕开它，去研究别的产品。

卖家只有对产品的目标市场有了很好的掌握后，再去进行样品的评估、采购、改进等后续环节，才会给店铺运营带来帮助。

2. 亚马逊站内数据选品

Amazon Search 是每个亚马逊买家都会使用的工具，这里汇集了各类精准的搜索词，因此，对卖家选品有很重要的参考意义。

（1）亚马逊热销榜。亚马逊根据产品的销量每小时更新一次亚马逊热销榜，卖家可以搜索产品类目，查看什么产品最畅销。所有卖家都希望能在亚马逊热销榜中找到自己的产品，因此竞争非常激烈，卖家一定要对亚马逊热销榜进行精准分析。亚马逊热销榜页面如图 7-34 所示。

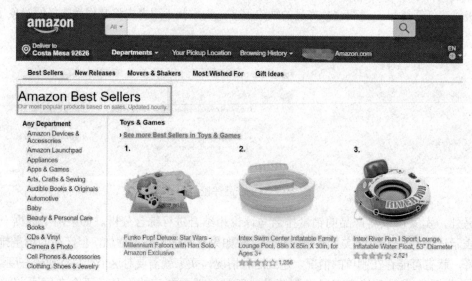

图 7-34　亚马逊热销榜页面

（2）亚马逊新品排行榜。亚马逊新品排行榜中展示的是上架时间较短，但排名上升速度较快的亚马逊"新星产品"，有的产品是刚刚开发出来的，或者是之前的老产品具备了新的功能，而这个新功能深受用户的喜欢。

与亚马逊热销榜中竞争激烈、难以追赶的产品相比，亚马逊新品排行榜中的产品更值得卖家选择。亚马逊新品排行榜的每个类目下有 100 个新品列表，可以让卖家有更多的选择机会。亚马逊新品排行榜页面如图 7-35 所示。

图 7-35　亚马逊新品排行榜页面

（3）亚马逊销售飙升榜。在亚马逊销售飙升榜展示亚马逊上所有品类中的 TOP100 产品的波动趋势，其中，产品上的红色箭头表示人气在下降，如图 7-36 所示。

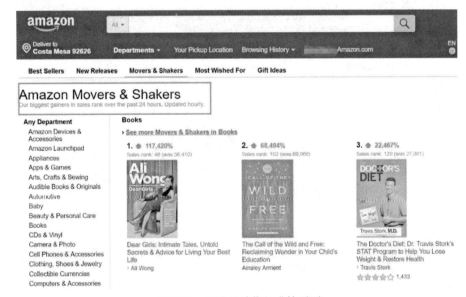

图 7-36　亚马逊销售飙升榜页面

（4）亚马逊愿望清单。亚马逊愿望清单中列出的是经常被买家添加到愿望清单中的产品，每天更新一次。这个愿望清单清楚地展示了买家真正想要的产品。亚马逊愿望清单页面如图 7-37 所示。

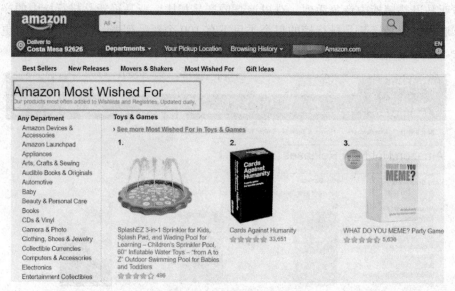

图 7-37　亚马逊愿望清单页面

（5）亚马逊礼物榜。亚马逊礼物榜展示了买家喜欢买来当作礼物的产品，该榜单每天更新一次。这是一个强有力的榜单，清楚地展示了当前流行的产品。亚马逊礼物榜页面如图 7-38 所示。

图 7-38　亚马逊礼物榜页面

7.3.3　Wish 选品

Wish 是随着跨境电子商务行业的兴起而发展起来的一个平台，其发展势头不亚于亚马逊和全球速卖通。

当我们进入某个网店主页时，可以看到琳琅满目的产品。这些产品是如何布局的呢？没有人会随机选品，但为什么竞争对手卖得很多，订单数量也多，好评率也高？这是因为竞争对手在选品上更加谨慎。因此，我们必须考虑选择什么样的产品来满足消费者的需求，从而带来更高的销量和利润。Wish 店铺的运营也是如此，卖家必须正确选择用于日常经营的产品。那么，卖家在 Wish 上该如何选品呢？

卖家可以通过 Wish TOP 提供的各种数据分析工具来选品，可以根据目标客户的性别、年龄、喜好来选品，也可以基于某个国家对流行趋势的偏好来选品。

1. Wish 的特点及核心竞争力

与其他平台不同的是，Wish 是一个基于移动端的购物 App，它最大的一个特点就是能够实现信息的精准推送。Wish 弱化了搜索功能，强调个性化推送，不同的人在 Wish 上看到的产品是不同的。这种个性化的推送服务可以给买家带来非常愉悦的购物体验。

（1）将产品与用户进行匹配。Wish 会根据用户的兴趣特征、社会属性、自然属性，给每个人贴上不同的用户标签，对用户标签与用户需求标签、产品标签进行匹配。

兴趣特征包括用户的兴趣点、爱好及心理特征；社会属性包括用户的受教育程度、所处的人生阶段及职业身份；自然属性包括用户的性别、年龄等。

（2）推送产品时的要求。由于用户能够使用谷歌邮箱账号等直接登录 Wish，所以谷歌等用户平时的习惯、个人爱好、使用平台等信息都会被 Wish 获悉，Wish 会对不同的用户进行详细的分类。

因此，卖家推送产品时，要求符合 Wish 用户的需求；编辑产品时，要考虑用户需求标签与产品标签是否匹配。

2. 根据消费者喜好选品

由于 Wish 中 80% 的订单都来自美国消费者，所以下面主要根据美国消费者的需求、生活习惯、兴趣爱好来分析如何选品。

（1）美国消费者喜欢的颜色和图案。美国消费者喜欢青蓝色，喜欢带有老鹰的图案。除美国以外，来自欧洲一些发达国家的订单也比较多。这个时候我们可以根据不同国家消费者的喜好等信息，有选择性地上架产品。这类产品出单、爆单的机会比较大。所以选品时，卖家要格外注意产品的颜色和图案。

（2）美国消费者喜欢的运动。美国消费者喜欢的运动包括橄榄球、篮球。针对这些喜好，卖家可以选择一些和此类运动相关的产品，如绷带、牙套等。Wish 的消费者大部分是"80后""90后"，也喜欢跑步、骑自行车和在家做瑜伽等运动。所以，与之相关的产品，如臂袋、安装在自行车上的会发光的 LED 灯等，也会受到消费者的喜爱。

（3）美国消费者的生活。美国消费者在节假日喜欢家庭聚会、野营，平时下班后也喜欢去夜店等场所。这样的生活方式也带给卖家很多销售机会。例如，与家庭聚会相关的产品有家庭装饰品、厨房小工具等，与野营相关的产品有硅胶红酒杯、充气沙发、防水手电筒等户外用品，与夜店相关的产品有美容化妆品、夜店服装等。

（4）美国消费者的文化娱乐。由美国电视剧和美国影片衍生的产品有很多，这些产品的销量一般都不错，也很容易成为"爆款"。

3. 根据节日选品

无论是在国外还是在国内，在每个季节的特定节日里都有一些特定产品会热销。国外节假日期间一些有特点的热销产品如下。

（1）情人节期间热销的产品：手表、箱包、巧克力、饰品等。

（2）复活节期间热销的产品：服装、美容美妆产品、装饰品、园艺产品、户外用品等。

（3）母亲节与父亲节期间热销的产品：时尚饰品、水上运动产品、珠宝、食品、手表、箱包、贺卡、电子产品等。

（4）劳动节期间热销的产品：服装、装饰品、美容美妆产品等。

（5）万圣节期间热销的产品：特色服装、Cosplay饰品、毛绒玩具、体育用品、南瓜灯等。

（6）感恩节期间热销的产品：毛绒玩具、装饰品、家用电器、美容美妆产品、厨房小工具等。

（7）圣诞节期间热销的产品：鞋、服装、取暖工具、饰品、滑雪设备、电子产品等。

4. 根据产业带选品

在Wish上，什么产业带生产出来的产品比较受欢迎？图7-39所示为Wish上的六大产业带及其生产的产品，可以为卖家提供一定的选品方向。

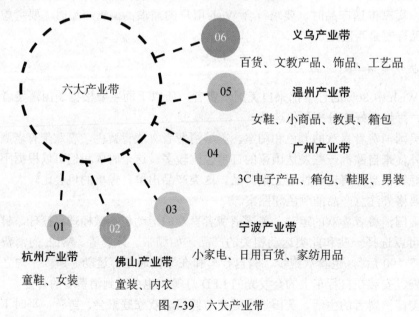

图7-39 六大产业带

5. 根据自然环境因素选品

美国的气候类型比较丰富，以温带大陆性气候为主，地形对气候有重要影响。美国由于地域辽阔、地形复杂,不同地方的气候有较大的差异:当南部地区是鲜花盛开的春季时,北部地区仍然是寒冷的冬季。

因此,无论是T恤还是雪地靴,都可以成为卖家的选品对象。除需要了解气候以外,卖家还需要了解美国消费者的实际生活情况。例如,美国人喜欢在冬天穿薄T恤和夹克。如果在比较热的区域,他们喜欢脱下夹克。所以,卖家不能在冬天把所有薄款衣服都下架,只出售毛衣和厚外套。

6. 根据消费水平选品

在美国,不同地区的居民收入水平是不同的,有些发达地区的居民消费水平较高。因此,卖家可以适当提高这些地方的客单价。而中部地区的居民消费水平较低,他们更喜欢实用且便宜的商品。

7.3.4 eBay 选品

作为全球商务的领军者,eBay致力于帮助全球消费者随时、随地、随心购买他们所爱、所需的产品。eBay上的产品非常多样化,目前上架产品数量已超过8亿件,产品种类繁多。可以说,消费者需要和喜爱的任何产品,在eBay上都可以找到。以美国、英国、澳大利亚和德国为代表的成熟市场,目前是eBay中国卖家最主要的销售目标市场。这些市场具有人均购买力强、网购观念普及、消费心理成熟、物流等配套设施完善等特点,消费者对于产品质量、买家体验都有比较高的要求。卖家除要选择高性价比的产品之外,更重要的是要提供堪比零售标准的服务。目前除品牌和专营店这种战略布局外,其他的选品思维可用境外仓派系和中国直发派系来区分。在境外仓派系的选品思维中,标题、关键词、图片、描述、本地物流选择方式等会因卖家的不同而不同,所以,谁在这些方面做得好,再结合较好的账号绩效以及eBay实操细节,就可以占有很大优势;在eBay上进行实操的人都知道,实操"霸主"卖家对待新手卖家最痛恨的就是在性价比上"动手"(其他细节在未成为销量"霸主"时就都调整维护完毕)。当累积到一定的销售比例后实操,"霸主"卖家就会拿到定价权并高举引领市场均价的旗帜,其产品售价反而会高出新手卖家很多。新手卖家是无法与"霸主"卖家抗衡实操的,持久的坚守战和特定的时间管理是新手卖家在此时的核心策略。

中国直发派系可以用上面提到的全球速卖通的选品思维操作;在这一层面上,可以说,Wish和全球速卖通是大致相同的,不同点就是平台对卖家的考核不同和平台在受众国家(地区)的宣传力度不同。

 复习思考题

一、填空题

1. 开展跨境进口零售产品销售的前提是_____,而且必须有稳定的货源,而不是等客户下单了才找货。

2. 跨境进口零售 B2C 或者海淘 C2C 的模式都以客户的_____为核心。

3. 跨境电子商务数据化选品有通过数据化打造自己的"爆款"和_____两个策略。

4. Reddit 是一个较大的社交媒体新闻聚合网站,也是一个大型_____。

5. _____是一个以买卖手工艺成品为主要业务的网站,该网站集聚了一大批极富影响力和号召力的手工艺术品设计师。

二、判断题

1. 社区选品主要包括当地社区选品和社区论坛选品两个方面。(　　)

2. Polyvore 是一个通过图片的形式展示产品的网站,俗称"家庭妇女的天堂"。(　　)

3. Cool Material 是一个致力于推荐男士用品的站点,专门推荐男士户外装备、机车、服装等产品。(　　)

4. 阿里巴巴旗下的 1688 网站是中国跨境电子商务卖家进货的常用渠道。(　　)

5. 重点推广计划主要是指利用快速推广进行测款、批量选品和选词、打包推广更多相似产品的直通车推广方式。(　　)

三、简答题

1. 简述跨境电子商务选品的思路。
2. 简述跨境电子商务选品的要点。
3. 简述直通车推广是在选品时需考虑的因素。
4. 简述直通车选品的方法。
5. 简述亚马逊选品的思路。

第 8 章 跨境电子商务店铺管理数据化

学习目标

- 了解店铺群管理的类目关联性分析
- 了解店铺群资金回报率分析
- 熟悉产品供应链的管理与优化和物流供应链的管理与优化

技能目标

- 能够对跨境电子商务店铺运营数据管理进行分析
- 能够对跨境电子商务店铺库存、利润、会员等数据进行分析

8.1 跨境电子商务店铺群数据化管理

8.1.1 店铺群管理的类目关联性分析

类目关联性分析是指通过各个店铺主营类目的可视化信息，来判断不同类目与店铺利润率、单个订单成本和销售额等运营维度的关系。

首先，打开"店铺群数据化管理"工作表，可以发现有一列数据叫作"主营产品类目"，如图 8-1 所示（主营产品类目是指一家店铺主要销售的产品细分类目，如服装行业的鞋子、T 恤、裙子、帽子、裤子等细分类目）。

店铺名	主营产品类目	利润率	单个订单成本	销售额
1	A	20.00	6.00	50000.00
2	C	12.00	30.00	18400.00
3	B	5.00	7.00	13500.00
4	B	8.00	10.00	20000.00
5	B	16.50	25.00	40000.00
6	A	12.50	5.00	25000.00
7	C	3.00	25.00	18000.00
8	C	7.00	20.00	20000.00
9	A	1.00	10.00	8000.00
10	B	7.00	4.00	12000.00

图 8-1 主营产品类目

因为图 8-1 中的 10 个店铺一共涉及了 3 种产品类目，即 A、B、C 类目，那么运营者可以将这 3 种产品类目标注在原来的气泡图中。填充气泡图中气泡的颜色的操作：选中想

要改变颜色的气泡,单击鼠标右键,在弹出的快捷键菜单中单击"填充"按钮,选择想要填充的颜色,如图 8-2 和图 8-3 所示。

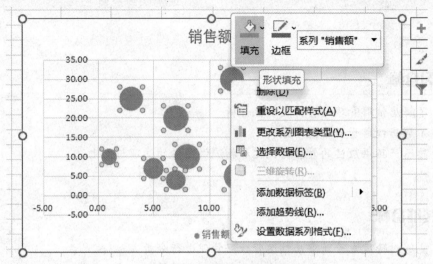

图 8-2　气泡图颜色填充示意图

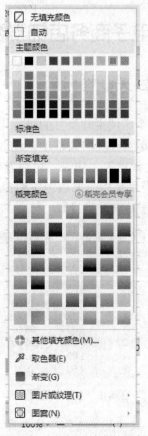

图 8-3　选择想要填充的颜色

观察图8-4，可以发现运营A类目的店铺大多位于下半部分，即位于第Ⅲ象限与第Ⅳ象限。

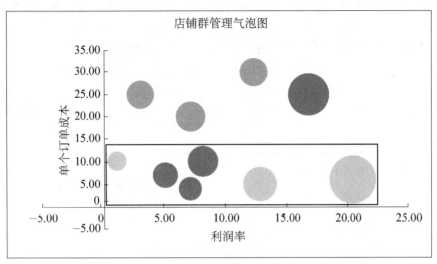

图8-4 运营A类目的店铺所在区域

从图8-4可知，运营A类目的店铺的单个订单成本都比较低，这可能有多个原因：A类目产品的制作成本较低；A类目店铺的运营者经验丰富，人工成本与运营成本较低；A类目不依赖站外引流与推广，营销成本较低。同时，运营者可以观察到，运营A类目的店铺的利润率有高有低，且拥有高利润率的店铺的销售额也很高，这表明A类目产品可以在维持低单个订单成本的前提下获得高额利润，那么该类目产品就属于核心产品，需要运营者给予适当的资源倾斜（如营销资源、供应链资源等），从而进一步提升利润。

观察图8-5，可以发现运营B类目的店铺位于图表的斜线部分，即位于第Ⅰ象限与第Ⅲ象限。

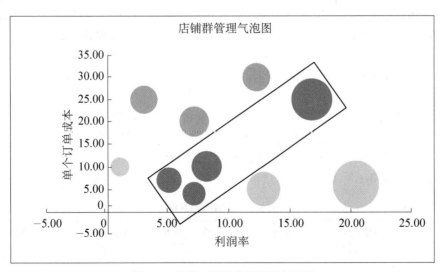

图8-5 运营B类目的店铺所在区域

从图 8-5 中可知，运营 B 类目的店铺的单个订单成本与利润率成正比，即单个订单成本越高，利润率越高。发生这种现象一般有如下原因：B 类目市场为蓝海市场，随着对 B 类目产品的营销推广与供应链优化的费用增加，B 类目的销售额与利润也会增加。因此，B 类目产品属于潜力产品。运营者需要进一步优化 B 类目产品的运营策略和供应链，在逐步降低单个订单成本的前提下，稳步提升 B 类目产品的销售额和利润率。

观察图 8-6，可以发现运营 C 类目的店铺位于图表的上半部分，即位于第 Ⅰ 象限与第 Ⅱ 象限。

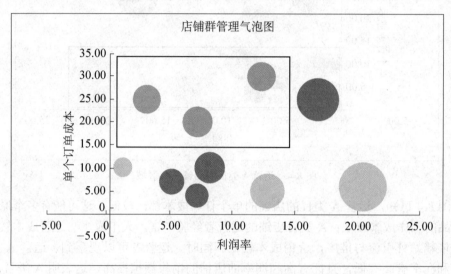

图 8-6 运营 C 类目的店铺所在区域

从图 8-6 中可知，运营 C 类目的店铺的单个订单成本都比较高，可能有多个原因：C 类目产品的制作成本较高；C 类目店铺的运营者经验不足，人工成本与运营成本较高；C 类目产品非常依赖站外引流与推广，营销成本较高。同时，运营者可以观察到运营 C 类目的店铺的利润率偏低，且店铺销售额也不高，这表明 C 类目产品本身无市场潜力，也无利润空间。运营者可以考虑放弃 C 类目，将运营重心转向 A 类目产品或者 B 类目产品。

8.1.2 店铺群资金回报率分析

运营的最终目的是获取利润，但是很多运营者在日常销售过程中往往以薄利多销为由，单纯追求订单量或者销售额的最大化。这种经营方式不能说是错误的，但在一定程度上降低了工作效率，对中小卖家而言更是如此。本节将结合案例讲解店铺群资金回报率。店铺案例数据如表 8-1 所示。

表 8-1 店铺案例数据

	单价/美元	单量/双	成本/美元	利润率/%	利润额/美元
第一周	26.99	200	23	15	798
第二周	32.99	100	24	27	899

以亚马逊美国站内的某款鞋子为例,在售价为 26.99 美元时,店铺群第一周的总销售量为 200 双,利润率为 15%。当第二周将售价提高到 32.99 美元时,销量为 100 双,成本由于分摊数量减少提升到 24 美元,但最终的利润额却有了 101 美元的提升。需要注意的是,单纯追求利润额的思路也不是最优的。首先,大部分卖家处于短期经营状态,并没有考虑某个款式能长期稳定出单,自然也无法在长期经营条件下逐步获取最优定价;其次,站内的库存、评价、定价等信息趋于透明,如果坚持高利润定价,很容易引起竞争对手的注意,导致跟卖、同款等情况出现,迫使产品价格急剧下降;最后,在品牌没有建立之前,产品的价格高于价值会加剧买家评论的不可控性,容易催生差评和退货,导致产品"夭折"。

通过上述分析,正确的操作方法应该是在销售额与利润率之间取得平衡,这时运营者可以通过资金回报率来加以计算,其计算公式为

$$资金回报率=固定周期内利润÷投资总额×100\%$$

假设 A 产品的利润率为 30%,回款周期为 14 天,FBA 库存为 30 天,海运需 30 天,工厂备货需 15 天,货款与工厂月结,那么占用资金的时间约为两个月。如果初期投入 100 万元,两个月收回资金,扣除亚马逊的各项费用及汇损约 30%,最终得到的销售额是 204 万元,则利润为 61.2 万元(204×30%),即能够获得 61.2 万元的利润额。在这个基础上调整利润率,运营者就可以明显看到资金回报率的变动。

8.2 跨境电子商务店铺业务渠道数据化管理

8.2.1 产品供应链的管理与优化

对于大多数亚马逊跨境电子商务的运营者而言,产品供应链优化的最终目的是最大限度地提升产品供应链的 ROI。提升 ROI 的具体目标,通常是增加利润、降低成本和提高收入。其中,成本包括运营成本、仓储运输成本、库存成本、管理成本等;收入则受企业可提供的服务的质量影响,包括生产准时性、产品定位、产品到货率等因素。

企业成本部分主要涉及运营成本优化、仓储运输成本优化、库存成本优化、管理成本优化四个方面,如表 8-2 所示。

表 8-2 企业成本的主要组成部分及要点说明

企业成本的主要组成部分	要点说明
运营成本优化	包括站内广告投放成本优化、站外引流优化、站内 SEO(listing 自然排名)优化等内容
仓储运输成本优化	包括物流供应链优化、FBA/FBM 物流渠道优化、仓储备货优化等内容
库存成本优化	包括安全库存数量设置、库存天数估计、仓储备货优化等内容
管理成本优化	包括营销渠道管理优化、人员管理优化、店铺群管理优化等内容

企业收入部分主要涉及产品定位优化、店铺群利润优化这两个方面,如表 8-3 所示。

表 8-3　企业收入的主要组成部分及要点说明

企业收入的主要组成部分	要点说明
产品定位优化	包括市场容量分析、数据化选品方法、产品价格分析等内容
店铺群利润优化	包括店铺群四象限分析法、店铺群资金回报率分析等内容

8.2.2　物流供应链的管理与优化

在物流供应链领域，我们以亚马逊为例。基于对各种物流模式优劣势的分析，以及自配送和亚马逊配送模式下的各项数据对比，运营者可以将平台的物流模式分为以下六个方面：产品质量、运送时效、产品利润、库存消耗能力、发货时机以及物流成本。

亚马逊配送（FBA）对产品质量、运送时效和库存消耗能力的依赖程度很高。这是因为如果 FBA 产品质量不佳，很容易产生滞销或大量退货的情况。除此之外，FBA 产品因为到货速度快，其 listing 的评价更新率较快，一旦同时出现几个消极评价，产品就很容易变成滞销产品。在运送时效方面，美国当地配送基本为 3 日内送达，部分地区还有隔日达服务，但是一旦产品长时间停留在海外仓，就会产生巨额的长期仓储费用及折旧损失。同时，与亚马逊配送（FBA）相比，自配送（FBM）对于质量较差的产品可以随时停售，风险可控性较强。

虽然自配送的风险可控性强，但是其对于发货时机和物流成本的依赖程度较高。当处于淡季时，可以选择中国邮政小包（China Post）以降低物流成本；当处于旺季或者"黑色星期五""网购星期一"这种促销节日时，选择新加坡邮政（Singapore Post）或比利时邮政（Bpost）可以更好地满足运送时效的要求。与自配送（FBM）相比，亚马逊配送（FBA）的物流成本波动较小，对于淡旺季的发货差别也只体现在备货数量和备货频次上。

综上所述，可得出以下四种物流模式选择方案。

1. 从产品本身特点出发

（1）产品质量高，利润大：选择 FBA+自配送模式。

（2）产品质量一般，利润可观：选择 FBA+自配送模式（选择 FBA 时要遵循少量多次原则，保证海外仓不断货即可）。

（3）产品质量一般，利润一般或低：选择自配送模式。

（4）产品质量差，无须考虑利润高低：选择自配送模式。

2. 从产品款式类别出发

（1）当季热卖产品：选择 FBA+自配送模式（选择 FBA 时要遵循少量多次原则，保证海外仓库存不售罄即可）。

（2）常青产品或者"爆款"：选择 FBA+自配送模式（每次发 FBA 的数量可多一些，以分摊头程费用）。

(3)过季产品：选择自配送模式。

3. 从产品销售表现出发

(1)产品销量高，退款率低：选择FBA+自配送模式（每次发FBA的数量可多一些，以分摊头程费）。

(2)产品销量高，退款率较高：选择自配送模式。

(3)产品销量中等，退款率也不高：选择FBA+自配送模式（选择FBA时要遵循少量多次原则，保证海外仓库存不售罄即可）。

(4)产品销量低，无须考虑退款率高低：选择自配送模式。

4. 从数据分析预测出发

(1)产品流量大，转化率高，且为潜力款：选择FBA+自配送模式（第一次发少量FBA，产品成长后可调整）。

(2)产品流量大，转化率低：需要优化产品详情。

(3)产品流量低，转化率高：需要进行营销推广，暂时选择自配送模式，后可根据优化情况选择FBA。

(4)产品流量小，转化率低：选择自配送模式。

以上是从四个角度出发构建的亚马逊平台上相对合理的物流模式选择方案。跨境电子商务运营者首先应该分析所售产品的特点，同时观察产品的销售表现，最后结合数据预测风险来选择合适的物流模式。此外，在淡旺季交替时运营者需要灵活使用不同的物流模式来降低物流成本，从而确保产品配送的时效性。

以女装短裤为例进行采购计划分析，具体操作步骤如下。

第一步：打开"第8章8.2数据源"文件，如图8-7所示。

	A	B	C	D	E
1	月份	总数量/件	短裤S码/件	短裤M码/件	短裤L码/件
2	5	230	78	82	70
3	6	283	88	105	90
4	7	18234	6857	6223	5154
5	8	13285	4597	4570	4118
6	9	2212	706	778	728

图8-7 打开"第8章8.2数据源"文件

第二步：在"插入"选项卡中单击"数据透视表"按钮，在弹出的"创建数据透视表"对话框中"请选择单元格区域"中，选择数据源A1:E16单元格区域，在"请选择放置数据透视表的位置"中选择"新工作表"，单击"确定"按钮。在右侧"数据透视表字段"中，将"月份"字段拖入"行"标签框，将"短款S码/件""短款M码/件""短款L码/件"字段拖入"值"标签框，设置"值显示方式"为"求和项"，如图8-8所示。

第三步：在"插入"选项卡中单击"全部图表"按钮，在弹出的"图表"对话框中选择"柱形图"选项，得到的柱形图如图8-9所示。

图 8-8　设置数据透视表字段

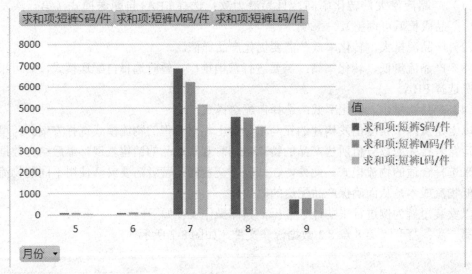

图 8-9　短裤的需求柱状图

通过总需求变化可以看出，因为季节性因素影响，短裤在年初需求量小，采购量不宜过大，要根据当年的气温情况及时调整；7—8月数据直线上升，要在这两个月增加备货量并做好促销活动的备货。通过图 8-8 可知，S、M、L 三个码数需求在 5—6 月较为平均，但在 7 月 S 码更为旺盛，所以在销售旺季，S 码要有充足备货。

8.2.3　业务饱和度数据分析

在亚马逊店铺运营者的职业生涯中，运营者达到一定的运营水平，并拥有较高的业绩后，就会开始以组长、主管、经理或者更高职位的身份去带领团队。因此，为了能够对团队成员的工作内容及成果有一个清晰的认知，运营者需要对团队成员的业务饱和度数据进行分析。

在进行业务饱和度数据分析前，运营者要对亚马逊店铺运营人员的常规工作日程有所了解,如图 8-10 所示。

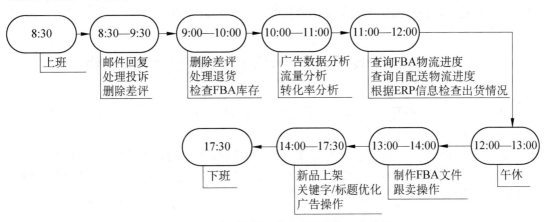

图 8-10　亚马逊店铺运营人员的常规工作日程

在了解了亚马逊店铺运营人员的常规工作日程后,运营者就需要通过工作饱和度分析团队中每名运营人员每天的工作内容。业务饱和度数据分析如表 8-4 所示。

表 8-4　业务饱和度数据分析

小时数	周一	周二	周三	周四	周五
1	数据分析(流量、转化率、广告费用),回邮件				
2	商品上架			选品	商品上架
3	listing 优化	广告优化	listing 优化	选品	listing 优化
4	listing 优化	广告优化	listing 优化	选品	listing 优化
5	周会				
6	FBA 分析				
7	入库信息更新				
8	休息				

在表 8-4 中,表格左栏是一天工作的小时数,表中显示的是 8 小时工作制,其中有 2 小时的休息时间。"商品上架"单元格代表的是上架商品这项工作,在周一到周三都需要完成该工作,因此该单元格就会横跨"周一"至"周三"列的对应单元格,其余单元格的含义以此类推。空白的单元格代表的是自由时间,运营人员可以根据个人情况自由安排。

一般而言,运营人员每周会有 5~15 小时的自由时间,平摊到每天就是 1~3 小时的自由时间,运营者可通过业务饱和度数据分析表对运营人员剩余的 4~6 小时的工作进行可视化分析。

如果一个运营人员的业务饱和度数据分析表的自由时间过多或者工作内容不明确,那么就代表其工作不饱和,需要对其工作日程进行详细考虑并再做安排;如果一个运营人员的业务饱和度数据分析表中没有任何自由时间,则意味着其运营效率过低而无法有效安排自己的工作。

在从事管理工作时，运营者要熟练运用业务饱和度数据分析表来帮助自己了解团队成员的工作日程，以分析团队成员的工作饱和度并判断其运营效率。

8.3 跨境电子商务店铺管理其他数据分析

8.3.1 跨境电子商务店铺运营数据管理分析

流量是店铺的生存之本，但空有流量，无法实现流量转化或转化率过低，依然无法有效增加店铺的销售额，甚至还会影响商品和店铺的综合排名。因此在成功引流之后，店铺还需要通过各种运营手段提高转化率。而要提高转化率，首先需要对与之相关的其他数据（如点击率、收藏率等）进行控制和管理。

1. 店铺运营的重要数据

反映店铺运营情况的重要数据有很多，这里重点介绍点击率、收藏率与加购率、转化率四个数据。

（1）点击率。点击率是衡量商品引流能力的数据，其计算公式为

$$点击率=(点击量÷展现量)×100\%$$

从公式中可以看出，要想提高点击率，就要提高点击量。

商品的标题、单价、销量、主图等都能影响点击量。以标题为例，当商品标题中没有包含有效关键词，即没有包含消费者会搜索的关键词时，消费者无法通过关键词搜索到该商品，商品没有展示机会，自然也不会有点击量。因此标题设置得是否合理，直接影响着商品的点击量。

消费者搜索到商品后，就会看到商品主图。此时若主图的视觉效果好，卖点突出，商品具有吸引力，就更有机会吸引消费者点击。在消费者查看主图的同时，商品价格和付款人数也可能影响消费者的判断和选择，若商品销量可观且价格合理，也有利于提高商品的点击量。

总的来说，要提高点击率，就要想办法提高点击量，而要提高点击量，就要做好商品标题和主图的优化。

（2）收藏率与加购率。收藏率是指收藏人数与访问人数之比；加购率是指加购人数与访问人数之比。商品的收藏率和加购率越高，说明该商品的意向消费者越多，这部分消费者成交的概率也越大。一般来说，消费者收藏某件商品或将某件商品加入购物车，是因为其已经对商品产生了购买兴趣，但出于对某些原因的考虑还未下决心购买。与直接点击查看商品的流量相比，收藏、加购的流量更有可能形成转化。商家应该充分发挥收藏率、加购率比较高的商品的转化优势，适当通过调整价格、赠送礼品、打折优惠等方式刺激消费者收藏、加购，提高消费者的购买意愿，促使其下单购买，实现流量的转化。

（3）转化率。提高转化率是增加销售额的有效途径。转化率的计算公式为

$$转化率=支付人数÷访问人数×100\%$$

消费者从访问到支付的过程又被称为支付转化，支付转化率的高低直接决定着店铺销售额的多少。

2. 影响转化的因素

商品的流量转化直接影响着跨境电子商务店铺的最终销量。因此，当商品具有合格的引流能力时，商家一定要关注流量的转化情况，并对转化效果不佳的方面进行优化。实际上，影响转化的因素有很多，这里主要从最直观的几个因素入手进行介绍，包括商品主图、价格、首页、详情页和评价等。

（1）主图。消费者搜索到商品后，首先看到的就是商品主图。好的主图效果能够吸引流量，提高点击率，甚至直接影响消费者的购买行为。影响主图效果的因素比较多，如精美的拍摄效果、合适的模特展示、精确的卖点文案、恰当的排版等都可以有效改善主图的效果。商家在制作出主图后，可以进行合理的测试对比，选择更受消费者喜欢的主图来展示商品。

（2）价格。消费者认可主图效果或者被主图吸引后，很自然地就会查看该商品的价格。商品价格通常显示在主图的左下角，方便消费者进行查看和对比。价格是商品竞争力的直接体现，特别是相同商品之间进行竞争时，消费者通常会选择价格更低的商品。因此，在同类竞品较多时，商家必须对商品价格进行优化，以获取更多的流量。

（3）首页。店铺首页就像店铺的"门面"，代表着店铺的整体品质和格调。很多消费者进店访问时，会跳转到店铺首页查看商品分类，此时良好的店铺首页效果更利于刺激消费者的购买欲望。

（4）详情页。商品详情页是消费者了解商品详细信息的页面。商品详情页上方主要展示商品主图、商品价格和SKU等。商品主图可以让消费者进一步查看商品效果，SKU则可以让消费者自由地查看和挑选商品的颜色、款式等。详情页的下方是商品的详情介绍，包括商品图片、文案、参数、质量保证、客服、物流等信息，是消费者了解商品的主要途径，也是影响消费者做出购买决策的重要页面。

一般来说，大多数消费者都是在仔细浏览详情页的内容后才做出购买决定的，因此商家要合理利用详情页，尽可能合理美观地展示商品，打消消费者的购买顾虑，促使其下单。

（5）评价。评价也是促成交易的重要因素。消费者在查看商品详情时，也会关注商品评价。评价数量多，说明购买人数较多，也说明商品得到了其他消费者的认可。一般来说，评价较好的商品更容易赢得消费者的信任，促使其做出购买决定。

信用评分的高低直接影响商品和店铺的综合排名，综合排名靠前，商品才能获得更多的搜索展示机会，才有可能获得更多的流量和转化。

8.3.2 跨境电子商务店铺库存数据管理分析

1. 认识库存系统

库存系统的作用之一就是管理好商品的实时库存。商家可以通过该系统了解当前商品是否可以销售及可以销售的数量，消费者则可以了解该商品是否可以购买及可以购买的数量。

（1）仓库系统与库存系统的区别。一些大型跨境电子商务企业的仓库面积非常大，商品种类和商品数量都比较多，因此就有必要使用仓库系统来进行管理。简单来说，这个仓库一天有多少商品进入，每件商品的数量是多少，每天从这个仓库发出多少商品，仓库里面每件商品还剩下多少，剩下的商品分别存储在仓库的哪个储位上，等等，就是仓库系统管理的主要内容。

既然有了仓库系统，为什么还要用库存系统呢？例如，当仓库里有10件A商品时，仓库系统负责管理A商品的数量及它的位置信息；但仓库中有10件商品，并不代表店铺可以销售的数量也是10件，因为10件A商品可能已经售出3件，只不过这3件A商品还没有出库，所以仓库系统里面的A商品数量依然为10件，但店铺中能够销售的数量只有7件；仓库系统负责管理在当前时刻仓库里的库存，并不区分商品的销售状态，所以需要库存系统来解决这个问题。总的来说，仓库系统管理的是仓库里面商品的实际数量，而库存系统管理的是商品的可销售数量，这就是它们之间的主要区别。

商家在使用库存系统时，若仓库有货则系统显示当前销售的商品数量，商品售罄则显示无货，并显示"到货通知"按钮。

（2）仓库系统与库存系统的配合。当发生与商品相关的行为，如采购、下单等时，仓库系统和库存系统就需要相互配合，完成对库存数据的传递与管理。理解了这两个系统之间应如何配合，对后面理解跨境电子商务库存的组成有很大帮助。下面重点介绍采购入库、下单锁库存、订单取消解锁库存、出库扣库存、仓库间调拨等行为对应的库存管理。

① 采购入库。商家若想在B2C跨境电子商务网站中售卖一件商品，首先需要发起采购计划，这时就需要在仓库系统中建立一个采购单，以记录哪件商品采购了多少数量、把这批商品放在了哪个仓库等。发起采购后就会将采购到的商品入库，此时仓库系统会对相应的商品数量进行更改，同时会告知库存系统对应商品入库了多少，让库存系统及时调整可售商品数量。

② 下单锁库存。当有消费者购买商品时，库存系统会先将该数量商品锁定，然后等待仓库出货。只有仓库出货后，库存系统才会调整商品数量。例如，A商品采购入库的数量为10件，库存系统也会显示A商品的数量为10件，此时店铺可以销售的该商品的数量为10件。当一个消费者购买了1件A商品时，库存系统会先锁定1件A商品，表示有1件商品已经售出，这时库存系统会通知仓库系统，此商品目前可购买的数量为9件。

③ 订单取消解锁库存。当消费者下单购买A商品后，如果因为某些原因取消订单，且此时A商品仍未从仓库出货，则需要将锁定的商品解锁，重新调整库存数量。

④ 出库扣库存。如果消费者没有取消订单，则仓库系统需要将该商品出库，并通知库存系统调整可售商品数量。

⑤ 仓库间调拨。如果商家拥有多个仓库并分布在全国各地，那么消费者下单购买时就会尽量从离消费者最近的仓库发货，以缩短运输时间、降低成本。但在实际操作过程中，可能出现商品库存数量分配不合理的情况，如南方仓库的A商品已经售罄，北方仓库的A商品还积压很多，这时为了让A商品尽快卖出，需要将其从北方仓库调拨到南方

仓库。仓库间调拨会涉及发起调拨申请、调拨出库和调拨入库等环节。

2. 拆解电子商务库存

为了更完整地拆解电子商务库存的组成情况，下面以 B2C 电子商务库存为例，介绍组成这类电子商务库存的七大部分，即可销售库存、订单占用库存、不可销售库存、锁定库存、虚库存、调拨占用库存、调拨中库存。

跨境电子商务商品的总库存=可销售库存+订单占用库存+不可销售库存
+锁定库存−虚库存+调拨占用库存−调拨中库存

下面分别介绍库存的各个组成部分。

（1）可销售库存。可销售库存是指消费者在店铺中看到的库存数据。当某商品的可销售库存大于 0 时，前端显示"有货"或详细的库存数据，此时消费者可执行加入购物车或立即购买等操作；当商品的可销售库存小于或等于 0 时，前端显示"无货"或提示"商品已下架"等信息，消费者只能进行"到货提醒"的功能设置。

（2）订单占用库存。由于商品下单支付和发货并不是同步进行的，为防止超额售卖，就需要设立订单占用库存。对于已下单支付的消费者，保证其商品能正常出库；对于尚未下单支付的消费者，保证其下单后有可售的库存。订单占用库存和可销售库存是反向关系，即可销售库存减少，订单占用库存增加。需要注意的是，可销售库存减少就会涉及锁库存行为，如加入购物车锁库存、下单后锁库存、支付后锁库存等，这些行为会减少可销售库存。

（3）不可销售库存。商品出现破损等不符合销售标准的情况时，会被划分为不可销售库存。

（4）锁定库存。锁定库存常见于跨境电子商务促销活动中，跨境电子商务促销活动一般以低价折扣来吸引消费者，将总库存中的一部分商品锁定，不参与促销活动。当可销售库存为 0 时，必须将锁定库存转换为可销售库存才可继续销售。锁定库存不是一个常设系统，需要使用时临时搭建即可。

（5）虚库存。虚库存是指仓库中没有实物库存，实物库存来自供应商。当市场上某种商品的需求量极大且仓库中该商品数量较少时，商家如果与供应商的沟通渠道畅通，可以迅速将该商品输送到仓库中转换为库存，即可设置虚库存。或者当某种商品的需求量极少，平台不需要提前在仓库储存该商品时，可先拿到商品订单，凭借商品订单来寻找供应商，也可设置虚库存。此时的可销售库存的计算公式为

可销售库存=总库存−订单占用库存−不可销售库存−锁定库存+虚库存

（6）调拨占用库存。假设北方仓库需将 10 件 A 商品调拨到南方仓库，此时北方仓库就需要将 10 件 A 商品锁定，则北方仓库的可销售库存的计算公式为

可销售库存=总库存−订单占用库存−不可销售库存−锁定库存+虚库存−调拨占用库存

（7）调拨中库存。调拨中库存是指发起调配后已经打包商品并出库，此时库存既不在北方仓库，也不在南方仓库。此时双方总库存的情况均为

总库存=可销售库存+订单占用库存+不可销售库存+锁定库存−虚库存+调拨占用库存

8.3.3 跨境电子商务店铺利润数据管理分析

1. 认识利润

从会计的角度来讲，利润和利润率的定义较为复杂，但是跨境电子商务行业，特别是跨境电子商务商家，可以更为直观地理解利润和利润率。

利润是指店铺收入与成本的差额，利润的计算公式为

$$利润 = 成交金额 - 总成本$$

利润率包括销售利润率、成本利润率等，用于衡量销售、成本等项目的价值转化情况。销售利润率的计算公式为

$$销售利润率 = 利润 \div 成交金额 \times 100\%$$

成本利润率的计算公式为

$$成本利润率 = 利润 \div 总成本 \times 100\%$$

2. 跨境电子商务店铺成本数据分析

与企业一样，跨境电子商务店铺运营还是以盈利为根本，除了做好销售、运营等环节，成本控制也是盈利的关键。在店铺的运营过程中，最常见的成本包括商品成本、推广成本和固定成本三种。

（1）商品成本。商品成本包括进货成本、物流成本、人工成本、损耗成本和其他成本等。不同的进货渠道都对商品成本有直接影响，如选择在实体批发市场进货，人工成本会更高；选择通过网络渠道进货，物流成本又会更高。我们在选择货源时，除了应注意商品品质、货源是否充足等条件，随之产生的商品成本也是必须考虑的。

（2）推广成本。推广是店铺运营的核心手段之一。通过对推广成本进行分析，我们可以看到哪种推广手段更为有效、哪种推广手段过于浪费等，从而能够有策略地改变运营推广战术。

（3）固定成本。固定成本主要包括办公场地的租金、工作人员的工资、各种设备的折旧，以及跨境电子商务平台的相关固定费用。固定成本的特点是成本费用的变化频率低，变化幅度小，但同样需要纳入成本进行核算，不应遗漏。

3. 跨境电子商务店铺利润预测

通过对利润数据进行预测和分析，我们不仅可以有针对性地进行运营管理来提高销量，还能科学地降低成本。

（1）线性预测。预测利润的方法有很多，首先介绍较为简单的线性预测。线性预测常用于通过一个变量来预测另一个变量的变化趋势，如可以根据店铺设定的成交量目标来预测可能产生的成本。

在 Excel 中，我们可以利用 TREND 函数来进行线性预测。TREND 函数的语法格式为 "TREND(known_y's, [known_x's], [new_x's], [const])"。

（2）模拟运算。Excel 的模拟运算功能可用于分析某个变量在取不同值的情况下，目标值会发生怎样的变化。

第8章 跨境电子商务店铺管理数据化

8.3.4 跨境电子商务店铺会员数据管理分析

1. 会员数据的获取途径

消费者在店铺中购买了商品后,就会留下一定的数据,如昵称、姓名、地址等,这些数据实际上都被保留下来了,通过淘宝客户运营平台或专门的 CRM 软件就能够获取。

CRM 软件实际上就是消费者关系管理软件,这类软件的功能比较完善、强大,但需要付费订购才能使用。目前市场上的 CRM 软件有很多,不同的 CRM 软件的侧重点不同,商家应该选择适合自己的 CRM 软件。

2. 跨境电子商务店铺会员数据的基本分析方法

商家获取会员数据后,可以充分利用这些数据对会员的情况进行分析,包括会员的分布情况,会员的增长与流失情况,会员的生命周期以及会员的潜在价值等。

(1)会员的分布情况。会员的分布情况主要是指会员级别构成、性别比例、年龄层次、地域分布等,也就是对会员画像进行分析。首先需要借助客户运营平台或其他 CRM 软件将会员数据复制到 Excel 中进行整理。会员数据主要包括客户信息(即名称,一般为昵称)、会员级别、性别、年龄、所在地区、交易总额、交易笔数、平均交易金额、上次交易时间等项目。通过这些数据就能很方便地掌握任何一位会员的基本情况和交易情况。

(2)会员的增长与流失情况。每个店铺的会员数量都不是固定不变的,根据店铺的营销效果和消费者的购物偏好,会员数量会一直变化。对于店铺而言,在正常情况下,每个时期都会流失一些会员,但同时也会新增一些会员。如果将所有会员按不同地区或不同年龄来划分(也可按其他属性划分),就可以分析不同范围内会员的增长与流失情况,以便更有针对性地做出营销策划。

(3)会员的生命周期。会员的生命周期指的是消费者成为会员前后,在不同时期表现出来的不同特征。分析会员的生命周期就能针对这些不同特征采取合适的营销策略。一般来说,会员按生命周期分为普通消费者、新会员、活跃会员、睡眠会员、流失会员,其各自的特征如表 8-5 所示。

表 8-5 会员按生命周期划分的类型及要点说明

会员按生命周期划分的类型	要点说明
普通消费者	普通消费者是指店铺所有的潜在消费者,他们并没有在店铺中产生过交易行为,但访问过店铺页面或商品页面。对于普通消费者,商家主要可以通过新消费者折扣优惠活动来引导他们在店铺产生第 次下单交易行为,进而转化为店铺的会员
新会员	新会员是指已经在店铺产生过至少一次交易行为,且已经激活成为店铺会员的消费者。对于新会员,为了使其成为活跃会员,提高其复购率,商家可以有针对性地向他们推广商品和优惠活动,尽量符合他们的购物习惯和偏好。另外,商家可以通过"二次消费"活动进行推广,如给新会员赠送一些优惠券或折扣,但限定优惠券或折扣的生效条件为第二次在店铺进行消费

续表

会员按生命周期划分的类型	要点说明
活跃会员	活跃会员是指已经成为店铺会员且最近一段时期（如3个月）在店铺有过交易行为的消费者。对于店铺的活跃会员，商家可以通过"二八定律"找出为店铺带来80%价值的核心会员，给予他们更好的服务和资源。商家可以通过向上营销，即根据消费者过去的购物偏好，为其提供价值更高或其他用以加强其原有功能和用途的商品和服务。商家也可以通过交叉营销，从消费者的购买行为中发现消费者的多种需求，向其推销相关的商品和服务，有针对性地进行定向精准营销
睡眠会员	睡眠会员是指最后一次在店铺产生交易行为的时间距离现在已经很远的会员，如最近6个月都没有任何交易行为的会员。对于睡眠会员，商家可以采取定向睡眠会员唤醒的运营策略，通过邮件、电话、短信、微信等渠道向其推送最新优惠活动，以期唤醒部分睡眠会员
流失会员	流失会员是指最后一次在店铺产生交易行为的时间距离现在至少间隔1年的会员。对于流失会员，商家除了采取唤醒策略，还需要采取更加有吸引力的营销手段才能将其成功召回，但该类会员的召回成本较高，效果通常也不明显

商家利用会员在店铺的最近一次交易时间信息，就可以划分该会员处于哪个会员生命周期，进而查看店铺会员的生命周期结构。

（4）会员的潜在价值。每一位会员的忠诚度、购买力和价格接受度都是不同的，将这三个方面划分为六个指标，就可以挖掘每一位会员的潜在价值。其中，忠诚度可以用最近一次消费时间和消费频率来衡量；购买力可以用消费金额和最大单笔消费金额来衡量；价格接受度可以用特价商品消费占比和最高单价商品消费占比来衡量。

① 最近一次消费时间。商家根据会员最近一次消费时间与现在的时间间隔，可将其转化为对应的指数，如最近1个月有消费，对应指数为5，最近3个月有消费，对应指数为4，以此类推。间隔时间越长，指数越小，最小为1。

② 消费频率。要想增加店铺的销售额，提高会员的消费频率是一个非常有效的策略，商家可将会员的消费频率转化为对应的指数，从大到小依次为5、4、3、2、1。

③ 消费金额。根据"二八定律"，店铺80%的利润由20%的会员产生，这20%的会员就是核心价值会员，商家需要给予他们更多的资源。商家可将消费金额转换为对应的指数，金额越高，指数越大。

④ 最大单笔消费金额。最大单笔消费金额体现的是会员的购买力，隐藏的则是会员的购买潜力。商家同样可将其转换为对应的指数，单笔消费金额越高，指数越大。

⑤ 特价商品消费占比。特价商品消费占比从侧面反映会员对商品价格的在意程度。特价商品消费占比越高，其对应的指数越小，二者负相关。

⑥ 最高单价商品消费占比。最高单价商品消费占比是最大单笔消费金额的拓展指标，可以体现会员的价格接受度，其具体数值和会员的价格接受度呈正相关，其值越高，其对应的指数越大。

最后，商家将每位会员的指标和对应的指数整理到Excel中，建立雷达图，即可展现每位会员的价值。

复习思考题

一、填空题

1. 类目关联性分析是指通过各个店铺主营类目的_____，来判断不同类目与店铺利润率、单个订单成本和销售额等运营维度的关系。
2. _____是店铺的生存之本，但空有流量，无法实现流量转化或转化率过低，依然无法有效增加店铺的销售额，甚至还会影响商品和店铺的综合排名。
3. 收藏率是指收藏人数与_____人数之比；加购率是指加购人数与访问人数之比。
4. 提高转化率是_____的有效途径。
5. _____的作用之一就是管理好商品的实时库存数据。

二、判断题

1. 仓储运输成本优化包括安全库存数量设置、库存天数估计、仓储备货优化等内容。（   ）
2. 产品定位优化包括市场容量分析、数据化选品方法、产品价格分析等内容。（   ）
3. 好的主图效果能够吸引流量，提高点击率，甚至直接影响消费者的购买行为。（   ）
4. 虚库存是指仓库中没有实物库存，实物库存来自供应商。（   ）
5. 调拨中库存是指发起调配后已经打包商品并出库，此时库存在北方仓库，不在南方仓库。（   ）

三、简答题

1. 简述企业成本的主要组成部分。
2. 简述企业收入的主要组成部分。
3. 简述店铺运营的重要数据。
4. 简述跨境电子商务店铺利润预测的方法。
5. 简述会员按生命周期划分的类型。

第 9 章 跨境电子商务客户画像数据分析

 学习目标

- 了解跨境电子商务客户画像的概念与应用
- 掌握跨境电子商务客户画像的流程

 技能目标

- 能够对跨境电子商务消费者分布数据进行分析
- 能够对跨境电子商务消费者复购率数据进行分析

9.1 跨境电子商务客户画像概述

跨境电子商务企业通过有效了解客户特征和消费行为，为制定下一步的市场策略或市场推广提供指导性依据。

9.1.1 跨境电子商务客户画像的概念

客户画像就是卖家从多个维度对店铺受众客户群体的特征进行描述，然后总结有相同点的客户的全貌。客户画像通过对客户不同角度的各种特征进行描述，来区分店铺的受众群体与其他群体的不同，目的是寻找并明确客户需求，更好地开展营销工作。

客户画像是由大量的客户标签组成的，把给客户贴的所有标签综合在一起，就形成了一个客户画像，也可以说，客户画像就是用来判断一群人是什么样的人（性别、年龄、兴趣爱好、家庭状况等）的工具。

在各种服务行业中，从业人员有意无意、或多或少都会自发地对客户进行画像，会用一些比较模糊或相对清晰的形容词来描述自己的客户群体。跨境电子商务企业虽然不能像实体店那样通过面对面的交易得到清晰的客户画像，但商家能比较容易地获得客户消费数据和属性特征数据，也就是说，在拥有各种画像素材的基础上，跨境电子商务企业完全可以准确而形象地勾勒出客户画像。

9.1.2 跨境电子商务客户画像的应用

在前期规划中，商家要把产品卖给正确的人，明确自己的市场定位，找到目标人群的共同点——客户取向、行为模式、平均客单价等，帮助店铺确定整体运营节奏和选择有效的推广手段，确保店铺在发展思路和方向上没有大的偏差。

在中期，商家则要优化并完善产品及运营，找出产品的核心卖点，完善店铺首页、详情页等；在提升客户满意度方面，要完善客服在售前、售后的沟通方式，深入了解客户咨询的问题；进行精细化营销，以提升经营效益，可参照前期的访客量进行客户画像，然后在直通车中进行精细化投放。商家可对反馈的数据进行分析，通过访客数和下单买家数的高低峰来判断客户群体的活跃时间，另外，可根据评论和售后反馈的问题来优化产品结构。

在后期，商家可结合老产品判断新产品不可或缺的卖点是什么，了解更换新产品后老客户的反应和接受时间及新产品的访客量，使店铺产品的更新换代有一个更好的保障。

9.1.3 跨境电子商务客户画像的流程

跨境电子商务客户画像的流程主要分为三大部分：明确营销需求、确定客户画像的维度和度量指标、客户画像和营销分析，如图9-1所示。

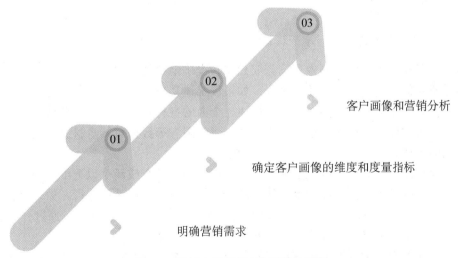

图9-1 跨境电子商务客户画像的流程

1. 明确营销需求

商家在各种营销活动中都要对目标客户进行精准营销，利用有限的营销资源"捕获"更多的目标客户。商家要做到精准捕获，获得客户的"情报"尤为重要。所以，客户画像在很大程度上就是客户地图、客户情报，有了客户画像，商家的营销才能精准。

对跨境电子商务企业而言，在整个数据化营销过程中，需要解决的四大核心问题是流量、转化、客单价和复购率的问题。

（1）流量问题，即"如何吸引客户"的问题。要吸引客户，首先要了解客户，如此才能精准地安排推广方案，将诱人的产品、吸引人的促销活动、好玩的互动等定向展现在目标客户面前。有展现才有点击，有点击才有流量。所以，为了解决流量问题，我们需要从新老客户资源、购买地域分布、购物平台（移动端和PC端）、浏览习惯等方面对客户的人数多少、占比多少进行描述，然后进行相应的精细化安排。

（2）转化问题，即"如何让客户买"的问题。要让客户购买，商家就要知道客户的需求和喜好，为不同的客户推送不同的产品，尽量满足客户的需求。同样的产品在不同的地域，面对不同的流量来源时，转化率会有比较大的差异，在营销资源有限的情况下，商家有必要从转化率高的目标群体中引进流量。所以，为了解决转化率的问题，我们需要从新老客户的区域分布、购物平台（移动端和PC端）、浏览习惯（来源）等方面对客户的转化率进行描述，然后进行转化率的提升。后期则要做好售后工作，如管理好买家秀和评论，这样有助于后期新访客的转化。

（3）客单价问题，即"如何让客户多买"的问题。要让客户多买，商家就要知道哪些客户会多买，然后匹配不同价位、不同搭配方案给相应的客户，如通过搭配购买、组合满减活动、优化SKU（库存量单位）等方式提高客单价。

（4）复购率问题，即"如何让客户再买"的问题。要让客户再次购买，商家就要知道哪些客户再次购买的概率高。所以，商家就需要从区域分布、购物平台、浏览习惯等方面对客户的复购率进行研究。

2. 确定客户画像的维度和度量指标

（1）从多维度进行客户画像。商家要想比较准确地描述客户，仅从一个维度进行度量和描述是不够的。例如，要描述一个人，如果仅描述其身高而不描述其体重，那么我们对其身材就很难有比较形象的感知，所以描述一个人的身材时，要从身高和体重两个维度进行。对于成年女性而言，我们往往还需要增加"三围"等数据对其身材进行描述，才能有更加形象的感知。

商家要想比较全面而精确地了解客户，同样需要从两个或两个以上维度进行度量和描述，这样客户画像才会立体而饱满。然后商家需要对现存客户进行分析，如现存客户怎么样、有什么消费习惯和消费偏好等，以及潜在客户在哪里、喜欢什么、通过什么渠道获取、获取成本是多少等，这样才能使精准营销具有应用价值。

（2）客户画像的常见维度和度量指标。商家进行客户画像时，需要从营销需求出发，梳理客户画像的维度和度量指标。

客户画像的常见维度有购买时间（R）、购买次数（F）、购买金额（M）、地域（国内外）、来源（一级、二级、三级）、性别、年龄、购物平台（移动端和PC端）等。通常使用不同的维度对客户进行描述时，采用的度量指标也是不同的，表9-1所示为描述客户的常见度量指标及要点说明。

表 9-1 描述客户的常见度量指标及其要点说明

度量指标	要点说明
PV	也叫作页面浏览量,即页面被查看的次数,如果客户多次打开或刷新同一个页面,则该指标值累加
UV	也叫作访问人数,即全店各页面的访问人数,在所选时间段内,如果同一访客多次访问需要进行去重计算
浏览回头客户数	即最近 7 天内隔天再次浏览的客户数。对于当天回访的客户数,在所选时间段内要进行去重计算
平均访问深度	访问深度是指客户每次连续访问店铺的页面数(即每次进店浏览的页面数);平均访问深度即客户平均每次连续访问店铺的页面数
成交客户数	即成功拍下商品并完成付款的客户数,按付款时间统计
成交金额	即成功完成付款的金额,按付款时间统计
转化率	转化率=(成交客户数÷UV)×100%
客单价	客单价=成交金额÷成交客户数
成交回头客户数	曾在店铺发生过交易并再次发生交易的客户被称为成交回头客户,在所选时间段内要进行去重计算(生意参谋的统计标准为,最近一年内再次成交的客户算作成交回头客户)

3. 客户画像和营销分析

在明确了营销需求和画像的维度后,我们就可以针对目标客户,从不同层面、不同维度进行客户画像和营销分析,具体可以从以下几个方面进行。

(1)客户性别比例。通常情况下,大部分品类都有定向的目标客户。例如女装,一般认为其购买者都是女生,可是在实际的运营过程中发现,男性客户的占比也不低。因此,在营销和细节服务的过程中,商家不能只考虑女性客户的需求,也要考虑男性客户的感受和体验。在不同品类的店铺中,商家要针对不同客户群体的不同消费特点进行研究。

(2)客户年龄结构。客户年龄结构是客户画像的重要维度之一。商家需要在产品设计、价格定位、图片页面设计、促销活动策划等方面结合不同年龄层次客户的消费特征。当然,每个地区的客户情况还是有一定区别的,商家要综合分析,然后将各个地区的客户情况合并成一个完整的客户画像。

(3)客户地域分布。相比实体店,跨境电子商务企业最大的特点就是突破了地域限制,覆盖了全球的客户。在转化率比较高的地区,在进行付费流量投放时,可以在这几个地域单独新建一个投放计划,实现更加精准的投放。对客户进行地域画像能够有效地帮助商家设计营销活动,不同地域的气候、人文、历史、语言习惯、消费时间都有所不同,商家根据客户的数量、购买能力、购买习惯等制订差异化方案,有助于产品快速抢占市场并扩大市场规模。

9.2 跨境电子商务主流消费者数据分析

9.2.1 跨境电子商务消费者分布数据分析

分析跨境电子商务消费者分布，首先我们要运用指标替代的方法，将无法获取的数据用已获取的数据进行替代，最终达到相同的分析效果，最后利用图形法将分析结果直观地呈现出来，进而利用相关性指标分析该店铺各个国家消费者的分布情况。

通过采集 2022 年 5 月 1 日，某店铺销往不同国家的订单数量来分析消费者的国家分布情况，通过 Excel 的"数据透视表"功能对数据进行筛选，并通过图形法将数据进行可视化呈现，进而得出相关的数据分析结论。具体操作步骤如下。

（1）打开"第 9 章 9.2 数据源 1"文件，单击"插入"→"数据透视表"按钮，如图 9-2 所示。

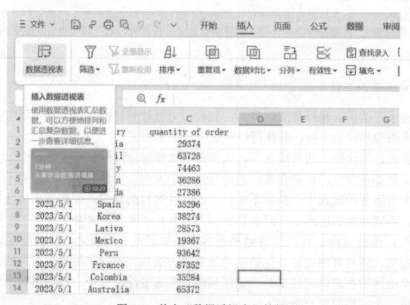

图 9-2 单击"数据透视表"按钮

（2）在弹出的"创建数据透视表"对话框中，选中"请选择单元格区域"单选按钮，选择数据的区间，选中"新工作表"单选按钮，然后单击"确定"按钮，如图 9-3 所示。

（3）将"country"拖入"行"标签，将"quantity of order"拖入"值"标签，选择"值显示方式"为"求和项"，如图 9-4 所示。

（4）单击"quantity of order"中的数据，然后单击"开始"→"排序"下拉按钮，在弹出的下拉菜单中单击"降序"按钮，如图 9-5 所示。

（5）单击"插入"→"全部图表"下拉按钮，然后选择"全部图表"选项，在弹出的"图表"对话框中选择"柱形图"选项，再在上方选择"簇状"，如图 9-6 所示。

第 9 章　跨境电子商务客户画像数据分析

图 9-3　"创建数据透视表"对话框

图 9-4　设置数据透视表字段

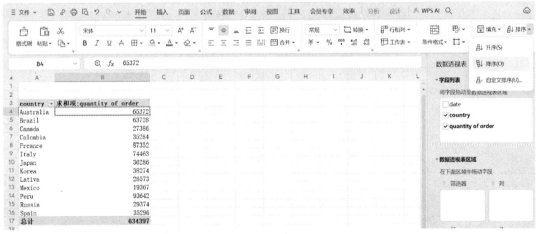

图 9-5　单击"降序"按钮

· 189 ·

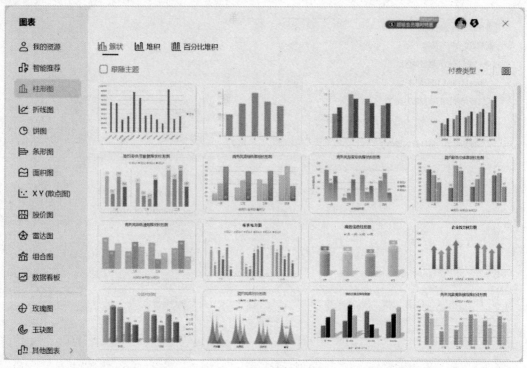

图 9-6 "图表"对话框

（6）单击"行标签"右侧的"筛选"下拉按钮，在弹出的下拉菜单中选择"值筛选"→"前 10 项"选项，如图 9-7 所示。

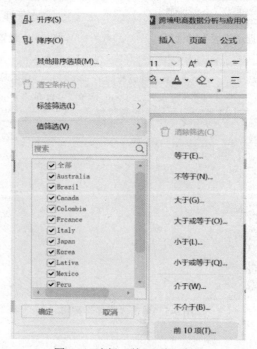

图 9-7 选择"前 10 项"选项

第 9 章　跨境电子商务客户画像数据分析

（7）单击"图表工具"下方的下拉按钮，在弹出的下拉列表中选择"垂直（值）轴"选项，如图 9-8 所示。

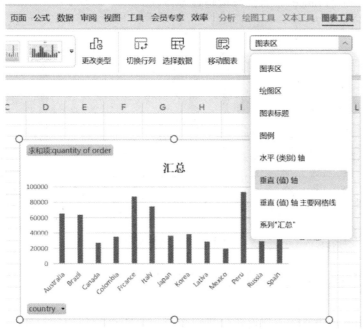

图 9-8　选择"垂直（值）轴"选项

（8）单击鼠标右键选中垂直坐标轴，在弹出的快捷菜单中选择"设置坐标轴格式"选项，然后在右侧的任务栏中，单击"显示单位"下拉按钮，在弹出的下拉列表框中选择"100000"选项，如图 9-9 所示。

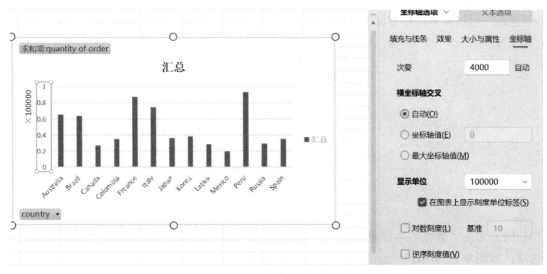

图 9-9　设置"显示单位"

（9）将图表标题改为"客户国家分布"，选中图例并单击，在弹出的快捷菜单中选择"删除"选项，最终效果图如图 9-10 所示。从图中可以看出，该店铺客户的国家分布主要集中在"Peru"和"France"，客户数量超过 8 万人。

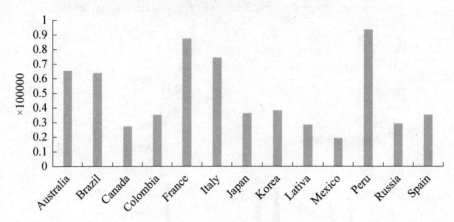

图 9-10　客户国家分布

9.2.2　跨境电子商务消费者复购率分析

消费者复购率是指复购人数占客户数的比例，计算公式为

复购率=复购人数÷总消费者数

采集 2023 年 8 月 1—31 日某店铺消费者的订单次数、交易金额和购买时间等数据，通过 PQ 编辑器对数据进行筛选处理，进而得出相关的数据分析结论。具体操作步骤如下。

（1）打开"第 9 章 9.2 数据源 2"文件，单击"插入"→"表格"按钮，在弹出的"创建表"对话框中选择数据的区间，单击"确定"按钮，如图 9-11 所示。

图 9-11　"创建表"对话框

（2）单击"数据"→"重复项"下拉按钮，在弹出的下拉菜单中选择"删除重复项"选项，如图 9-12 所示。

（3）单击"order payment time"字段右侧的筛选按钮，选择"日期筛选"→"之前"选项，如图 9-13 所示。

第 9 章 跨境电子商务客户画像数据分析

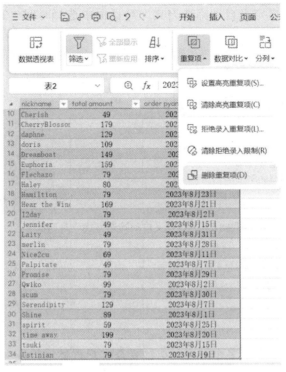

图 9-12 选择"删除重复项"选项

图 9-13 筛选"之前"

跨境电子商务数据分析与应用

（4）在弹出的"自定义自动筛选方式"对话框中选择时间"2023/8/31"，如图 9-14 所示。

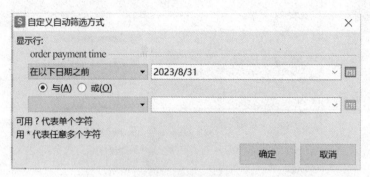

图 9-14　"自定义自动筛选方式"对话框

复习思考题

一、填空题

1. 客户画像就是卖家从多个维度对店铺受众客户群体的特征_____，然后总结有相同点的客户的全貌。

2. 为了解决转化率的问题，我们需要从新老客户的区域分布、购物平台（移动端和 PC 端）、浏览习惯（来源）等方面对客户的_____进行描述，然后进行转化率的提升。

3. _____是指最近 7 天内隔天再次浏览的客户数。对于当天回访的客户数，在所选时间段内要进行去重计算。

4. 客单价的计算公式为：_____。

5. 在明确了营销需求和画像的维度后，我们就可以针对目标客户，从不同层面、不同维度进行_____。

二、判断题

1. 客户画像是由大量的客户标签组成的，把给客户贴的所有标签综合在一起，就形成了一个客户画像，也可以说，客户画像就是用来判断一群人是什么样的人的工具。（　　）

2. 同样的产品在不同的地域，面对不同的流量来源时，转化率不会有比较大的差异。（　　）

3. 商家要想比较准确地描述客户，就要从一个维度进行度量和描述。（　　）

4. PU 也叫作访问人数，即全店各页面的访问人数，在所选时间段内，如果同一访客多次访问需要进行去重计算。（　　）

5. 对客户进行地域画像能够有效地帮助商家设计营销活动，不同地域的气候、人文、历史、语言习惯、消费时间都有所不同，商家根据客户的数量、购买能力、购买习惯

等制订差异化方案,有助于产品快速抢占市场并扩大市场规模。(　　)

三、简答题

1. 简述跨境电子商务客户画像的流程。
2. 简述跨境电子商务在整个数据化营销过程中需要解决的核心问题。
3. 简述客户的常见度量指标。

参考文献

[1] 杨力. Hadoop 大数据开发实战[M]. 北京：人民邮电出版社，2019.

[2] 黄东军. Hadoop 大数据实战权威指南[M]. 北京：电子工业出版社，2017.

[3] 张伟洋. Spark 大数据分析实战[M]. 北京：清华大学出版社，2020.

[4] 郭清溥，张桂香. Excel 2016 数据处理与分析[M]. 微课版. 北京：人民邮电出版社，2020.

[5] 廖莎，胡辉，孙学成. 商务数据可视化[M]. 全彩微课版. 北京：人民邮电出版社，2019.

[6] 沈凤池. 商务数据分析与应用[M]. 北京：人民邮电出版社，2019.

[7] ExcelHome. Excel 2016 数据处理与分析[M]. 微课版. 北京：人民邮电出版社，2019.

[8] 陈燕，屈莉莉. 数据挖掘技术与应用[M]. 大连：大连海事大学出版社，2020.

[9] 胡华江，杨甜甜. 商务数据分析与应用[M]. 北京：电子工业出版社，2018.

[10] 精英资讯. Excel 表格制作与数据分析：从入门到精通[M]. 北京：中国水利水电出版社，2019.

[11] 刘宝强. 商务数据采集与处理[M]. 北京：人民邮电出版社，2020.

[12] 陆学勤. 电子商务数据分析与应用[M]. 重庆：重庆大学出版社，2019.

[13] 吕云翔. Python 网络爬虫：从入门到精通[M]. 北京：机械工业出版社，2019.

[14] 亚历山大. 中文版 Excel 2019 宝典[M]. 赵利通，梁原，译. 北京：清华大学出版社，2019.

[15] 钱洋. 网络数据采集技术：Java 网络爬虫实战[M]. 北京：电子工业出版社，2020.